KB205299

본회퍼에게
신앙을
배우다

Ich möchte glauben lernen

본회퍼에게 신앙을 배우다

1판 1쇄: 2018년 4월 30일

저자: 강안일
편집: 강신덕
디자인: 오인표
홍보/마케팅: 김일권 지동혁
펴낸이: 오세동
펴낸곳: 도서출판 토비아
등록: 426-93-00242
주소: 04041) 서울특별시 마포구 와우산로 73(홍익빌딩 4층)
       T 02-738-2082 F 02-738-2083

ISBN: 979-11-961053-9-6

Ich möchte glauben lernen

본회퍼에게
신앙을
배우다

저자 강안일

도서출판사 **TOBIA**

Dietrich Bonhoeffer

추천사

신학자들 중에서 디트리히 본회퍼를 모르는 사람은 아무도 없다. 목회자들
도 마찬가지일 것이다. 그리스도인 전체로 범위를 넓힌다면, 성경에 나오지 않
은 기독교 지도자들 중에서 본회퍼는 아마 꽤 많이 알려진 인물일 것이다. 히틀
러의 나치제국에 대항하다가 체포되어 감옥에서 세상을 떠난 사람으로 말이다.
그러나 유명한 인물 중에서 보통 돌아다니는 부분적인 지식 외에 깊이 알려지
지 않은 사람이 많다. 본회퍼도 그런 경우다.

본회퍼는 신학자이면서 목회자다. 신학의 본질적인 기능이 목회와 뗄 수 없
이 연결돼 있어서 신학자와 목회자는 본질적으로는 분리된 게 아니다. 그러나
학문적으로 깊이 있는 신학자면서 동시에 목회 현장에 온 삶을 던지는 사람은
그리 많지 않다. 본회퍼 연구로 독일 보훔대학교(Ruhr Universitaet Bochum)에
서 신학박사 학위를 받았고 한국에 와서 바로 목회에 헌신하면서 동시에 꾸준

히 신학적 관심사를 붙잡고 있는 사람이 본회퍼 연구서를 냈다.

강안일 박사의 이 책은 본회퍼에 관한 논문들을 모은 저서인데 그 시각이 신학과 목회를 통전적으로 바라보고 있다. 본회퍼의 신학이 삶의 현장과 하나로 묶여 있는 것을 잘 보여주고 있다. 예컨대 본회퍼의 말씀묵상에 관한 논문에 이런 특징이 아주 잘 나타나고 있다.

목회자들에게 참 유익한 책이다. 목회에 신학적 관심사가 얼마나 중요한지를 알게 해줄 테니 말이다. 신학자들이 읽어 큰 도움이 될 것이다. 본회퍼의 신학을 그의 삶에서 분리시켜 학문성의 섬에 유배시키는 오류를 넘어서 학문과 신학이 그리스도인의 실존에서 통합되는 것을 보여주기 때문이다. 기쁜 마음으로 정독을 권한다.

_지형은 (말씀삶공동체 성락성결교회 담임목사, Dr. theol.)

강박사는 자신의 신앙의 여정을 묵묵히 이어가면서 자신이 독일에서 수학한 본회퍼의 학문을 정리하였다. 강박사와 본회퍼는 여러모로 닮았다. 무엇보다 강박사에 의하면 본회퍼는 자신이 그렇듯 신학자일 뿐 아니라 목회자이다. 신학이 말씀의 사역현장을 벗어나 존재하지 못하는 것처럼 본회퍼의 신학은 실제로는 그가 살아온 시간의 목회적 반영이라고 말하고 있다. 그래서 이 책에서 우리는 너무나 당연한 것 같지만 평범함 속에 담겨있는 비범함을 발견하게 된다. 특히 본회퍼의 색다른 저서들 속의 특별한 개성들이 강박사가 기술한 5개의 논문들 속에서 하나의 아름다운 심포니로 화성을 이루어 나타나고 있다. 우리는 본회퍼의 선지자적 삶이 얼마나 극적이었는가를 전설처럼 알고 있지만 이 저서에서는 본회퍼의 삶과 신앙의 깊이가 우리 주변에서 우리의 기도로 이어지도록 만들고 있다. 전문 신학자만이 아니라 모든 목회자가 반드시 일독해야 할 가치가 있는 책이다.

_황덕형 (서울신학대학교 부총장)

강안일 박사는 성서와 삶, 말씀과 공동체라는 교회의 큰 담론을 본회퍼의 목회론으로 쉽고 명확하게 풀어냈다. 성서학자들은 성서 텍스트 연구와 텍스트 해석이라는 연구 범주에서 어떻게 성서를 삶에서 풀어낼 것인가를 고민해오고 있지만, 목회 혹은 목양이라는 실천적 관점에서 학문적 결과를 내놓지 못하고 있다. 그런데 강안일 박사는 본회퍼의 목회론에서 '말씀과 공동체'라는 실천적 과제를 풀어내면서 오늘날 성서로 살아가는 모든 기독인들에게 큰 희망을 가져다주고 있다. 강안일 박사는 강의실뿐 아니라 목회현장에서 연구하며 묵상하는 학자이며 목회자이다. 우리는 그의 묵상과 고민, 그리고 목회적 삶을 통하여 성서와 삶을 동시에 배울 수 있는 행복을 발견한다.

_김진산 (터치바이블아카데미 원장)

"Ich möchte glauben lernen"

Dietrich Bonhoeffer

ietrich
onhoeffer

차례

서론

본회퍼는 목회자다. 또한 동시에 신학자다. 목회자로서 본회퍼를 강조할지, 아니면 신학자로서 강조할지의 양자택일이 그에게는 어울리지 않는다. 이는 신학적인 것과 목회적인 것이 서로 동떨어져 있지 않고 언제나 신학적인 것이 목회적이고, 목회적인 것이 신학적인 것이기 때문이다. 그래서 어느 것을 우선적으로 강조해야 하는 양자택일은 본회퍼를 오해할 가능성이 크다. 이것은 루터에게서도 동일하게 찾아볼 수 있는데, 루터의 책을 저술한 한스-마르틴 바르트는 루터의 신학이 목회적인 상황에서 발생하였음을 강조한다. 그리고 특히 루터로부터 시작된 종교개혁을 가리켜 "하나의 목양활동"[1]이라고 평가했다. 이것은 우리에게 많은 시사점을 준다. 한국교회 안에서 일어나는 여러 가지 문제점 중에, 특히 목회자의 목회철학과 관련하여 '신학이 있는 목회, 목회가 있는 신학'이 부재하다는 것이다. 그래서 한국교회 신학에 목회와 신학, 신앙하는 삶의 통합적인 관점을 제시하는 것은 의미 있는 일이 될 것이다. 본회퍼의 연구는 이런 의미에서 한국교회에 시사하는 점이 크다고 할 수 있다.

본회퍼를 목회자이면서 동시에 신학자로서의 통합적인 관점을 가진 연구가 유럽과 영미권에서 주로 진행되었다. 그 대표적인 책이 독일어권에서는 자비네 보베르트 슈튀첼(Sabine Bobert-Stützel)[2]과 페터 짐멀링(Peter Zimmerling)[3]의 연구이고, 영미권에서는 시카고 루터신학교 예배학 교수인 제이 C. 로쉘 (Jay C. Rochelle)[4]이 쓴 책이다. 이들의 책은 목회자로서 본회퍼의 신학적인 강조점과 동시에 신학자로서 목회자의 모습을 잘 보여준다. 그 외에도 많은 논문이 있다.

그러나 아쉽게도 한국신학계에서는 그동안 본회퍼의 신학에 관한 논문들은 많이 저술되고 출판되었지만, 상대적으로 목회자로서 본회퍼를 다루는 논문들은 많지 않았다. 필자는 신학자로서 본회퍼와 목회자로서 본회퍼가 균형있게 다루어지기를 바라는 마음을 가지고 독일을 떠나 곧바로 목회현장으로 왔다. 목회현장에서 본회퍼의 저작들을 천천히 다시 읽으면서 본회퍼의 신학이 철저하게 목회현장에서 저술되었다는 것을 이론적으로만이 아니라 경험적으로도 알게 되었다. 목회 현장에서 겪는 많은 신학적이고 목회적인 고민과 문제들이 본회퍼의 저작을 읽으면서 많이 해소되었다. 이는 그의 글들이 단순히 추상적이고 이론적인 탁상공론으로 만들어진 신학이 아니라 치열한 목회현장에서 나온 반응들이기 때문일 것이다.

여기에 수록된 논문들은 이런 관점을 가지고 필자가 목회현장에서 본회퍼를 읽으며, 동시에 본회퍼를 통해 목회현장을 바라보며 특히, 한 사람의 목회자이면서 동시에 한 사람의 신앙인으로써 우리가 어떻게 신앙을 해야 하는지를 고민한 가운데 쓴 논문들이다. 그것을 통해 신앙을 어떻게 해야 하는지를 배우는 귀한 시간이 되었고, 목회자이며 신앙인이고, 또한 신학자로서의 통합적인 시각에 대한 가르침을 받았다. 비록 한 권으로 쓴 논문들이 아니기 때문에 중복된 내용들이 있지만 독자들의 양해를 구하며 최소한의 수정으로 여러분 앞에 필자의 고민의 흔적들을 내놓는다. 이것을 통해 독자분들이 목회현장을 섬기는데 작은 도움이 되기를 바란다.

우선 독자들의 이해를 위해 여기에 수록된 논문들을 서론적으로 간략하게 설명하며 시작하고 싶다.

〈디트리히 본회퍼의 말씀묵상〉에서는 현재 한국교회 안에 묵상과 큐티가 대중화되었지만 아직도 신학적으로 올바른 방향성이 잡히지 않았다는 판단 아래서, 본회퍼가 말하는 묵상을 다시 생각해 봄으로 한국교회가 나아갈 방향을 모색해 보고자 했다. 이런 목적을 가지고 본회퍼의 묵상에 대한 이해를 위해 우선적으로 본회퍼의 말씀 이해가 중요함를 다루었다. 본회퍼가 가진 말씀 이해는 하나님 말씀의 통일성 즉 구약과 신약의 양방향적인 관점, 그리고 교회 중심적이면서 동시에 말씀 중심적인 성격을 가진 공동체성의 관점, 말을 겪과 응답, 책임 사이에서의 말씀이라는 관점, 그리고 말씀의 현재성이라는 시각에서 읽고 이해하고 있음을 확인했다. 이런 말씀의 이해를 바탕으로 묵상에 대한 정의, 방향성, 방법의 순서대로 글을 진행했다. 그리고 마지막으로 본회퍼에게 있어서 묵상이 그의 삶과 신학에 어떤 의미를 가지고 있는지를 평가했다. 이를 통해 본회퍼에게 묵상은 단순히 개인적인 내면의 영성에만 치우치는 것이 아니라 사회 윤리적인 방향으로, 교회를 새롭게 하는 중요한 전략적인 성격을 가지고 있음을 발견했다.

〈말씀과 공동체의 관계〉에서는 본회퍼의 저작들 안에 나타난 "말씀과 공동체의 관계"를 역사적인 상황을 고려하며 연구했다. 목회현장에서 많은 목회자들이 말씀을 전하고, 성도들은 그 말씀을 듣고 공부하지만, 가면 갈수록 교회는 시대의 흐름에 따라 철저하게 부정적인 의미에서의 개인주의로 나아가고 있는 현실을 직시하면서 그것을 어떻게 해결 할 수 있는지에 대한 고민을 했다. 그때 본회퍼에게서 "말씀과 공동체"가 밀접한 연관성을 가지고 있음을 확인하고 목회현장이 나아갈 방향에 대한 통찰력을 배운 적이 있다.

간략하게 본회퍼의 생각을 서론적으로 살펴보자. 그는 말씀이 갖는 사회성을 언급했다. 그래서 하나님과의 교제가 오직 교회 즉 공동체 안에서만 가능하다고 설명했고, 말씀이 우리를 모임으로 부르신다는 생각을 통해 '말씀'이 갖고 있는 창조성과 '말씀'이 교회의 사회학적 건립 원리임을 제시했다. 또한 계시 개념과 같이 말씀이 갖는 사회학적 구조를 확인하고, 이를 통한 말씀 이해는 개인적 관점보다는 공동체적 관점을 통해서만 가능하다고 보았다. 그리고 말씀이 갖는 자유성과 스스로 묶임이라는 이해를 통해 얻은 말씀의 말 걸어옴은 역사적인 공동체를 열망한다는 것을 확인했다.

본회퍼는 예수 그리스도를 통한 하나의 현실성 안에서 하나님의 말씀과 하나님의 교회가 밀접하게 연관되어 있음을 '예수 그리스도가 선포되는 곳에는 언제나 교회가 존재한다'는 것과 '위임 사상'을 통해 전개했다. 이를 통해 교회는 하나님께서 이 세상 가운데서 길의 목표가 된다고 설명했다. 하나님께서는 이 세상 가운데서 '타자를 위해 존재하는 존재'가 되시기에 그분을 믿고 따르는 사람들은 삶의 중심에서 타자를 위해 살아가야 한다는 것을 강조했다. 이것은 교회가 이 세상 가운데서 타자를 위해 존재할 때만 진정한 교회가 된다는 것을 다시 확인한 것이다. 본회퍼에 따르면 이것이 하나님의 말씀을 세상 한 가운데서 해석하는 방법이요. 말씀에 전체 삶으로 응답하는 '책임적인 삶'이다.

결론에서는 본회퍼의 "말씀과 공동체의 관계"가 한국 교회에 던지는 의미가 무엇인지 살펴보았다. 첫째, 한국교회가 성경을 많이 사랑하고 읽지만 오히려 개인주의화되는 상황 속에서 본회퍼가 주장하는 "말씀과 공동체"의 관계 이해를 다시 경청하는 것이 중요하다고 강조했다. 둘째는, 한국교회 안에서 묵상이 갖는 개인주의적 위험을 지적하고, 이런 위험을 극복하기 위해 본회퍼가 실천한 '공동기도회'라는 형태를 통해 성경을 '홀로 있음'과 '함께 있음'의 적절한 관계 안에서 읽는 법을 배우고, 또 타자를 위해 존재하는 교회가 되기를 원하는 말씀의 자유로운 운동성에 집중함으로 한국교회가 다시 한번 말씀의 공동체성과 사회성을 재확인해야 함을 역설했다. 마지막으로, 한국교회 안에서 성경을 개인적으로 읽고 묵상하는 시간이 많은 반면 함께 읽는 시간이 부족하기에 개인주의화된 신앙 형태가 구조화되고 있는지 모른다고 판단하고, 이를 해소하기 위해 성경을 교회적으로 함께 읽을 수 있는 방법들이 적극 고찰되어야 한다고 주장하면서, 본회퍼의 "말씀과 공동체"의 관계 이해는 매우 의미가 있다고 주장했다.

〈새로운 수도원 운동이란 무엇인가?〉에서는 본회퍼가 1935년 1월 15일의 한 편지에서 밝힌 "새로운 수도원 운동"(방식)이 과연 무엇을 의미하는지 밝혔다. 이를 위해 본회퍼가 가진 수도원에 대한 이해를 중심으로 서술하되 수도원 운동을 '왜' 주장하게 되었는지 역사적인 배경을 고려하여 간략하게 다루었다. 그리고 "새로운 수도원 운동"이 1935년 이후로 그의 신학적인 활동 가운데서 어떤 모습으로 드러나는지 연구하였다. 특히 1935년 이후 목회자 후보자들을 위한 교육기관인 핑켄발데 신학원에서 실천한 모습이나 신학적 논의들을 중심으로, 즉 『나를 따르라』와 『신도의 공동생활』을 중심으로 연구했다.

그 결과 다음과 같이 결과가 나왔다. 첫째, "새로운 수도원 운동"은 산상수훈의 말씀 위에 세워진다. 둘째, "새로운 수도원 운동"은 삶의 전 영역의 수도원화이다. 셋째, "새로운 수도원 운동"은 말씀과 공동체의 역동적인 관계 속에 있다. 넷째, "새로운 수도원 운동"은 공동의 삶을 기반으로 하는 "외부를 향한 내부로의 집중"의 방향성을 가진다.

그리고 이런 연구결과를 바탕으로 오늘날 한국교회에게 본회퍼가 말한 "새로운 수도원 운동"이 한국교회의 사회적 신뢰도 회복을 위해 어떤 방향성을 제시할 수 있는지를 결론적으로 제시했다.

〈『나를 따르라』에서 『윤리학』까지 윤리적 발전 과정〉에서는 본회퍼의 윤리적 사고의 발전의 성격을 『나를 따르라』와 『윤리학』을 중심으로 분석했다. 『나를 따르라』와 『윤리학』으로 범위를 제한한 이유는 본회퍼의 다른 저작들보다 윤리적 사고가 가장 중점적으로 나타나기 때문이다. 따라서 필자는 본회퍼의 윤리에 대한 이해를 위해 상기 두 저작의 정확한 읽기를 시도했다.

우선, 두 저작을 자세하게 살피기 전에 본회퍼의 윤리적 사고의 발전적 성격에 대해 지금까지 어떻게 다루어왔는지를 간략하게 살펴본 후, 두 저작의 역사적 배경을 서술했다.

그 다음, 『나를 따르라』와 『윤리학』에서 논의된 9개의 윤리적 주제를 중심으로 비교를 시도했다. 이를 통해 분명해진 것은 본회퍼에게 윤리적 사고 발전의 성격은 『나를 따르라』와 『윤리학』 사이에 일관된 연속성과 연속적인 발전이 함께 나란히 드러나 있다는 것이다.

계속해서, 『나를 따르라』와 『윤리학』의 역사적인 배경과 윤리적 요소들을 비교하는 동안 드러난 본회퍼에게 있어서 윤리적 관심과 윤리의 역할이 무엇인지를 연구했다. 본회퍼의 윤리적 관심은 현재적 상황을 주목함과 동시에 예수 그리스도안에서 계시된 오늘의 하나님에 대한 생각을 통합적인 연관성 안에서 구체화되고 있었다. 더 자세히 말하자면, 그의 윤리적 관심은 확고한 추상적인 원리나 단순한 상황분석에서 출발하는 것이 아니라 스스로 현재적 상황과 깊게 연대하신 예수 그리스도 안에서 계시된 하나님으로부터라는 사실이다. 이런 두 가지 연관성은 교회 투쟁시기와 공모시기에 본회퍼가 전체적인 삶의 영역 안에서 함께 사는 법(mit-leben zu lernen)을 실천할 때 중요한 역할을 담당했다.

결론적으로, 본회퍼의 윤리적 사고가 한국교회에 주는 의미를 간략하게 언급했다. 본회퍼 윤리적 사고는 어려움 속에 직면해 있는 한국교회가 다시 한 번 교회다운 교회가 될 수 있는 중요한 길잡이가 될 수 있음을 확인했다.

〈그리스도인의 공동의 자리는 어디인가?〉에서는 본회퍼의 신학이 무너져가고 있는 한국교회와 그리스도인의 공공성 회복을 위하여 어떤 기여를 할 수 있는 지를 연구했다. 다만 본회퍼 신학을 통한 공공신학의 논의가 현재 사회에 대한 교회의 주도권의 회복이라는 관점에서가 아니라, 신학과 교회 그리고 그리스도인 자체가 갖는 본질적인 공공성 회복의 관점임을 강조했다. 우선 본회퍼가 생각하는 그리스도인의 공적인 정체성이 무엇인지를 살펴보았고, 그 다음으로 공적인 정체성이 드러나는 공공의 자리가 어디인지를 연구했다. 연구를 통해 본회퍼가 말하는 공공적 정체성은 가시적 공동체이요, 하나의 현실성 안에서 살아가는 공동체이며, 타인을 위해 살아가는 공동체임을 확인했다. 그리고 공공의 자리로는 다음과 같다. 가시적 공동체가 드러나는 자리로 십자가를, 하나의 현실 안에서 책임적으로 살아가는 자리로 직업을, 타인을 위해 살아가는 공공의 자리로 모범을 제시했다. 끝으로 본회퍼의 신학이 한국 교회에게 주는 의의를 제시했다.

마지막으로 이 부족한 책이 나오기까지 도움을 주신 분들이 정말

많다. 먼저는 필자의 박사학위 지도교수님이신 트라우고트 예니헨 선생님, 저에게 목회를 가르쳐준 지형은 담임목사님, 나의 스승이신 황덕형 선생님, 책의 출판과 많은 조언과 격려를 해준 김진산 목사님과 강신덕 목사님, 그리고 나의 사랑하는 동료 목회자들에게 이 자리를 빌어 고마운 마음을 전한다. 그리고 부족한 사람을 끝까지 믿어주고 아무 말 없이 22년을 함께 살면서 든든한 버팀목이 되어준 나의 사랑하는 아내 효정과 사랑하는 세 자녀 찬, 건, 지윤에게 고마움을 전한다.

註

1) Hans-Martin Barth, 정병식, 홍지훈 역, 『마르틴 루터의 신학-비평적 평가』(서울: 대한기독교서회, 2015), 50.

2) Sabine Bobert-Stützel, Dietrich Bonhoeffers Pastoral Theologie(Gütersloh: Chr. Kaiser/Gütersloher Verlagshaus, 1995).

3) Peter Zimmerling, Bonhoeffer als Praktischer Theologie(Göttingen: Vandenhoeck & Ruprecht, 2006).

4) Jay C. Rochelle, 김윤규 역, 『디트리히 본회퍼의 목회학 총론』(서울: 한신대학교출판부, 2012).

디트리히 본회퍼의
말씀묵상[1]

Ⅰ. 서론

디트리히 본회퍼는[2] 묵상(Meditation)을 하는 신학자이자 목회자이다. 짐멀링의 평가에 따르면 본회퍼의 묵상에 대한 생각은 그가 1935년 영국의 여러 수도원[3]을 방문했던 경험을 통해 형성 되었다고 한다. 본회퍼가 추구하는 묵상은 당시 루터교 안에서는 조금 낯선 것이었다. 당시 루터교 안에서는 대부분 그림이나 상징들을 가지고 묵상을 했던 반면, 본회퍼는 성경에 연관된 묵상을 하였기 때문이다. 그가 성경에 연관된 묵상을 본격적으로 실천한 것은 1935년부터 섬기게 된 목회자 후보자 교육기관인 칭스트(Zingst)와 핑켄발데에서였다.[4] 그곳에서 실천한 묵상은 본회퍼의 삶과 신학에 있어서 중요한 위치를 차지한다.

이렇게 본회퍼에게 중요했던 묵상은 지금 한국교회 안에서도 유행이다. 그런데 염려스러운 부분이 있다. 묵상이 유행이 되어 너나없이 많은 교회에서 진행하고 있지만, 묵상에 대한 올바른 신학적인 방향성들이 제시되지 못하고 있는 실정이다. 교회는 묵상을 유행적인 관점에서 도입하였지만, 묵상의 본질과 그 의미가 무엇인지 진지하게 숙고하지 않은 것 같다. 비록 근래에 들어 한국에서도 묵상에 관한 좋은 책들이 출판되고 있지만[5], 유행 속에 있는 한국교회의 묵상에 대한 올바른 방향성을 제시할 수 있을지는 아직 두고 봐야 할 것 같다. 이런 상황에서 역사적으로나 정치적으로 어려운 상황 가운데 있던 1930년대 독일교회의 일원으로 묵상의 삶을 살면서 하나님의 신실한 제자도를 실천했던 본회퍼를 주목하는 것은 오늘 우리에게 의미 있는 일이 될 것이다.

그래서 이 소고는 본회퍼의 삶과 신학에서 묵상이 갖는 의미와 위치를 우선 확인함으로, 그가 추구하고자 했던 묵상의 목적이 무엇인지, 그리고 그가 가르친 묵상의 방법이 어떤 것인지를 다루고자 한다. 이것을 위해서 먼저 본회퍼가 묵상했던 그 말씀을 어떻게 이해하고 있는지를 다루고, 그런 다음 묵상에 대한 전반적인 이해를 다룰 것이며, 마지막으로 본회퍼의 묵상에 대한 평가를 하는 것으로 진행하고자 한다.

II. 본회퍼의 말씀 이해

말씀 묵상에 대한 논의를 본격적으로 시작하기 전에 먼저 본회퍼가 생각하고 있는 말씀 이해[6]를 간단하게 살펴보는 것이 유익하다. 묵상하는 사람이 가지고 있는 성경의 이해가 묵상의 본질과 방법, 그리고 방향성을 결정하기 때문이다.

1) 본회퍼는 우선 구약과 신약 안에 있는 하나님 말씀의 통일성을 강조한다. 이것은 구약과 신약의 관계에 대한 질문으로 인도하는데, 이 관계에 대한 문제는 조직신학적으로 오랜 토론의 역사를 가지고 있다.[7] 구약과 신약의 관계에 대한 질문 중 핵심은 구약을 어떻게 보느냐인데 본회퍼가 활동하던 시기에도 구약에 대한 견해가 부정적인 시각과 긍정적인 시각으로 나뉘어져 있었다. 부정적인 시각을 주장하는 학자들은 대표적으로 하르낙(Adolf von Harnack)과 독일 그리스도인들(Deutschen Christen)의 그룹에 속한 사람들이다.[8] 이들은 일반적으로 구약의 가치를 현격하게 평가절하 한다. 반면 긍정적인 견해를 가진 학자로는 칼 바르트(K. Barth)와 피셔(Wilhelm Vischer)가 대표적이다. 이들은 구약성경을 자명하게 하나님의 말씀으로 간주했다. 이런 생각은 본회퍼에게도 영향을 끼쳐 바르트의 입장과 동일하게 구약을 긍정적으로 이해한다. 본회퍼는 옥중에서 쓴 편지(1943.12.5)에서 구약성경에 대한 자기의 생각을 밝히고 있다.

"어쨌든 나는 점점 더 구약성서적으로 생각하고 느끼는 것 같네. 그래서 나는 지난 몇 달 동안 신약성서보다 구약성서를 더 많이 읽었지. 사람이 하나님의 이름을 부를 수 없다는 것을 알게 될 때에만 예수 그리스도의 이름도 부를 수 있다네. 사람이

삶과 땅을 진정으로 사랑하여 그것들과 더불어 모든 것을 상실하고 생명을 버릴 수 있을 때에만 죽은 자들의 부활과 새로운 세계를 믿을 수 있다네. 사람이 하나님의 율법을 자신에게 타당한 것으로 받아들일 때에만 은총에 대해서도 말하는 것이 허락되며, 자신의 적에 대한 하나님의 진노와 복수가 타당한 현실로 남아 있을 때에만 용서와 원수사랑 같은 것이 우리 마음에 와 닿을 수 있다네. 너무 성급하고 직접적으로 신약성서적이 되고 또 그렇게 생각하기를 원하는 자는-내 생각에는-그리스도인이 아닐세." [9]

이렇게 구약성경을 읽었던 본회퍼는 구약성경을 신약성경의 종교적인 초보단계라 보는 견해에 반대하면서 성경의 통일성을 신학적으로, 동시에 그리스도론적으로 근거 짓는다.

"하나님은 한 하나님이시다. 그 하나님께서는 전체 성경 안에 계신다. 전체 성경의 통일성과 하나됨은 예수그리스도이다. 즉, 전체 성경은 오직 예수그리스도를 말한다. 구약의 하나님은 예수 그리스도의 아버지이시고, 예수 그리스도 안에서 나타난 하나님은 구약성경의 하나님이시다. 그는 삼위일체 하나님이시다." [10]

본회퍼는 이렇게 성경 통일성의 근거를 그리스도론적으로 논의한 후에, 그리스론적으로 주장할 수 있는 근거를 찾는다. 그가 1936년 4월 8일에 뤼디거 슐라이허(Lüdiger Schleicher)에게 보낸 편지에서 위의 논의에 주목할 만한 주장을 한다.

"만약 하나님이 어디 계실지 결정하는 것이 나라면 분명 나는 내가 원하는 곳에서 하나님을 발견하기를 원할 것이다. 그러나 하나님 자신이 하나님이 어디 계실지를 결정하는 분이라면 하나님에게 그 장소는 바로 예수 그리스도의 십자가이다."[11]

위의 주장에서 본회퍼가 그리스도론적인 근거를 십자가에서 찾고 있는 것이 분명하다. 그리고 이것이야 말로 본회퍼가 주장하고 싶은 신약과 구약에서 말하는 성경의 말씀일 것이다.

본회퍼는 성경 전체, 즉 구약이나 신약을 읽을 때 일반적으로 부활을 경험한 그리스도인들이 신약으로부터 즉 부활의 빛 아래서 '그리스도로부터' 구약을 읽는 방법에만 머물지 않고, 구약과 신약 전체를 '그리스도를 향하여' 읽는 방법도 강조한다. 더 자세하게 말하면 구약으로부터 신약을 해석하고, 신약으로부터 구약을 해석하는 양방향 운동의 전체적인 관점으로 성경을 이해한다는 것이다.[12] 강성모는 본회퍼가 구약으로부터 신약을 읽는 의도를 시대적인 상황과 연결하여 다음과 같이 주장한다.

"당시 독일의 국내 상황을 놓고 생각한다면 구약을 경시하는 풍조는 곧 유대인을 멸시하는 자세를 가져 왔다고 할 수 있다. 실제적으로 나치 정권은 유대인들이 예수 그리스도를 못박았다는 사실을 들어 그들을 탄압했던 것이다. 그는 또한 구약이 지닌 현세적인 성격을 중시하였는데 그것은 구약의 하나님은 항상 이스라엘 백성과 함께 동행하신 하나님이셨으며 세상속에서만 만날 수 있는 하나님이셨기 때문이다. 따라서 본회퍼가 구약의 관점에서 신약을 보려 한 것은 그러한 실제적이며 현실적인 하나님에 대한 이해를 가지고, 또한 인간들의 구체적인 삶의 문제에 관심을 기울이시는 하나님의 말씀으로서 신약을 이해해야 한다는 의도를 지니고 있었다."[13]

그러기에 본회퍼에게 성경을 양방향적인 관점으로 읽는 것은 교회와 신학적인 작업의 존폐가 달린 문제였을 것이다.[14]

2) 둘째로 본회퍼는 성경을 교회의 책으로 읽는다. 이 관점은 특별히 본회퍼가 창세기1-3장에 대한 해석을 기록한 "창조와 타락"에서 분명하게 드러난다. 그가 사용한 방법은 신학적 해석으로

"성서를 교회의 책으로 받아들이고 그 자체로 해석"[15] 하는 것을 말한다. 먼저 "교회의 책으로 받아들인다"는 것은 교회의 공간 안에서 하나님의 말씀을 이해하는 것을 말한다. 왜냐하면 교회는 예수 그리스도를 증언하고 있는 성경에 기초를 두고 있기 때문이다. 성경에 근거한 교회는 본회퍼에 따르면

"종말로부터 산다. 그런 까닭에 교회는 성서 전체를 종말과 새것과 그리스도에 관한 책으로 알고 읽는다. 그리스도의 교회가 서 있는 터전인 성서가 창조와 한 처음에 대해 증언하는 것을 부정할 수 없다. 다시 말하면 무엇이 처음인지를 그리스도를 통해서만 알 수 있다는 사실을 우리가 부정할 수 없다. 그래서 성서는 바로 교회의 책이 확실하다."[16]

성경을 교회의 책으로 읽는 것은 그러니까, "교회에서 그리스도께서 시작되어 그리스도를 향해 오로지 나아가는 방식으로 읽혀져야 하며, 만일 우리가 그리스도가 온 세계의 처음이고 새것이며 종말이라는 사실을 안다면, 비로소 성서를 그리스도를 향하여서 읽는 것을 말한다."[17] 이것을 통해 그의 신학적 해석의 특징이 분명히 드러난다. 그것은 성경을 교회의 삶을 근거지은 예수 그리스도에 대한 증언으로 읽고, 또 성경에서 그리스도를 읽으려는 것을

의미한다.[18] 그래서 본회퍼가 행한 신학적 해석은 그리스도 중심
적이다.

그리고 "성서를 그 자체로" 해석한다는 것은 이것이다. 성경에 포
함된 "사실과 그 내용, 즉 성서의 사실성(Sachlichkeit)을 증언하는
데 있는 것이지, 결코 성서의 메시지를 인간의 상황의 척도에 맞
추어 해석하고 전달하는 '어떻게'라는 방법론에"[19] 두지 않는다는
사실이다. 이것을 보면 신학적 해석은 역사 비평적 방법처럼 어떻
게(How)에 대한 관심보다는 성경이 무엇(What)을 말하고 있는
가에 그 관심이 있는 것을 알 수 있다.

요약하자면 성경을 교회의 책으로 보는 본회퍼의 견해는 그의
신학적 해석을 통해 더욱 분명해 진다. 이를 통해 교회와 성경을
함께 바라보는 신학적인 시각과 함께 그리스도 중심적이며 또한
교회중심적인 성경 이해를 가지고 있음을 확인할 수 있다.

3) 셋째로 본회퍼는 하나님께서 성경을 통해 인간에게 말씀하시길
원하신다고 주장한다. 그에 따르면 하나님은 성경의 말씀 안에서
인간으로부터 발견되어지기로 결정하셨다고 한다. 그러기에 성
경 전체는 하나님이 우리로부터 발견되어지기를 원하시는 장소
라고 말하고 있다.[20] 이런 생각은 본회퍼가 1933년 행한 "그리스
도론" 강의에서도 볼 수 있다. "말씀으로서의 그리스도"라는 항목

에서 본회퍼는 다음과 같이 말한다. "하나님에게는 다른 방식으로 자신을 계시할 자유가 있다. 그러나 하나님은 말씀 안에서 자신을 계시하기를 원한다. 하나님은 오직 이 말씀 안에서만 인간에게 말씀할 수 있다. 하나님은 자신을 말씀에 붙들어 매었다."[21]

그리고 계속해서 본회퍼는 하나님의 말씀으로서의 그리스도와 인간의 말의 성격을 구별한다. 그에 따르면 인간의 말은 관념의 형태로 존재하는 말이지만, 말씀으로서의 그리스도는 인간을 향한 살아 있는 말씀의 형태로 있다고 한다. 인간의 말이 관념의 형태로 자기 자신에게 머문다면, 말씀으로서의 그리스도는 인간을 향한 '말을 걺으로서의 말씀'이라고 주장한다. '말을 걺으로서의 말씀'은 두 가지 형태를 취하는데 "말을 걺음과 응답, 책임 사이의 말씀으로서만 가능하다. 이 말씀은 무시간적이 아니며, 역사 속에서 일어나는 사건이다. 따라서 하나님의 말씀은 보편적이거나 언제 어디서나 접근 가능한 것이 아니며, 타자로부터 말을 걺이 일어나는 곳에서 발생한다."[22] 이것은 다음을 의미한다. 말씀은 말 걺과 응답, 책임이라는 통합적 시각을 요구하고, 또한 말씀의 현재적 역사성과 창조성을 포함하고 있음을 가리킨다.

본회퍼는 이런 관점에서 하나님은 성경의 말씀을 통해 인간에게 말씀하시기를 원하시기 때문에 인간은 이 말씀 앞에서 적절한 태도가 필요한데 그것이 침묵이라는 형태로 드러난다고 주장한다.[23] 바로 그 침묵이 묵상으로 연결되는 것이다. 그러기에 본회퍼는 위의 성경 이해를 가지고 묵상을 하면서 매일 매일 하나님께서 말씀하심을 듣기 원했고, 말씀을 현재적이고 역사적인 사건으로 받아들임으로서 응답하며 책임적으로 행동했다.

4) 마지막으로 본회퍼는 성경을 오늘 그리스도를 위한 증언으로써 이해한다. 말씀의 현재적 적실성을 강조한 것이다. 성경이 오늘 말씀하시는 그리스도의 증언이란 이해는 본회퍼를 말씀 묵상으로 인도한다. 이는 말씀 묵상을 통해 성경을 나에 대한 말씀으로 오늘 읽는 것이기 때문이다. 여기서 주목해야 할 점은 본회퍼가 이해하고 있는 현재성에 대한 개념이다. 본회퍼는 고백교회 목회자 후보자들을 위한 교육기관이 있던 핑켄발데에서 행한 한 논문[24]에서 현재성에 대한 그의 견해를 드러낸다. 그는 현재성을 다음과 같이 이해한다. 현재성은 "어떤 시간 느낌이나 시간 의미, 또는 시대의 정신"을 의미하지 않고, (하나님의 말씀으로서) 그리스도의 말씀을 통해 결정되는 것으로 본다.[25] 이것은 하나님께서 스스로 말씀을 하시는 그곳에 바로 현재성이 있다는 말이다. 다시 말하면 그리스도께서 말씀 안에서 말씀으로 오시는 바로 그 곳에서 인간은 현재성을 경험할 수 있다는 것이다. 이런 의미에서 본회퍼는 현재성의 주체를 성령이라고 주장한다.

본회퍼가 이 논문에서 왜 성령이 현재성의 주체인지에 대한 정확한 설명을 하고 있지 않지만, 그가 1925년에 제출한 "역사적이고 영적인 성경해석에 대한 보고서"에서 추론할 수 있다. 본회퍼는 하나님이 실제적으로 성경 안에서 말씀하실 때, 엄밀하게 말하면 인간은 하나님이 그것을 듣도록 귀를 열어 주실 때만 말씀을 들을 수 있다고 주장한다. 그의 언어 표현대로 하자면 인식의 주체인 인간이 인식의 대상인 하나님의 말씀을 인식하려고 할 때 "인식의 대상이 인식의 주체에게 인식을 위한 수단을 만드신다"는 것이다. 그러니까 대상이 곧 주체가 되는 것이다. 그래서 본회퍼는 하나님이 성령이 되신다고 말한다.[26] 이런 점에서 본회퍼가 현재성의 주체가 성령이라고 하는 것을 이해할 수 있다. 그리스도의 말씀이 말씀으로 오시는 곳에서 인간은 현재성을 경험할 수 있는 데 그것을 가능하게 하시는 분이 바로 성령이기 때문이다.

그리고 위의 질문을 다른 각도에서 설명하면 다음과 같다. 본회퍼가 이 논문에서 두번이나 성령을 하나님이라는 단어로 대신 사용한 것은 하나님과 성령을 동일하게 여겼다는 증거다. 이런 그의 견해에 비추어 본다면 현재성의 주체가 성령이라고 말하는 것은 현재성의 근원이 인간에게서 출발하는 것이 아니라 오직 하나님에게서 출발한다는 것을 강조하기 위함임을 알 수 있다. 현재성의 신적 근원성을 주장하는 것이다. 이런 신적 근원성을 가진 본회퍼의 현재성의 개념은 우리 인간에게 속한 것이 아니기에 우선적으로 과거로부터 오는 것이 아니라, 우리에게 속하지 않은 미래로부터 오는 것임을 강조한다. 본회퍼는 이 미래를 또한 그리스도이며, 곧 성령이라고 주장한다.[27]

이런 신적 근원성을 가진 현재성은 이미 본회퍼가 1932년 작성한 "세계연합사역의 신학적인 근거를 위해"라는 강연에서 확인할 수 있다. 그에 따르면 예수 그리스도 안에서 계시된 하나님은 "언제나 오늘의 하나님"(immer gerade heute Gott)[28]이다. 이것은 다음을 의미한다. 하나님은 어떤 정해진 형상으로 결정할 수 없고, 하나님은 역사를, 말하자면 현재적 상황을 스스로 취하신다는 것이다. 그래서 "오늘의 하나님"이라는 말은 하나님이 현재적 상황에 매우 깊이 연결되어 있다는 것을 가리키며, 가장 구체적인 방법으로 우리에게 말씀하신다는 것을 의미한다. 이미 이곳에서 하나님과 현재성이 연결되어 있음을 볼 수 있다.

요약하자면 그는 성경을 구약과 신약성경의 통일성 즉 양방향적인 관점, 그리고 교회 중심적 이면서 동시에 말씀 중심적인 성격을 가진 공동체성의 관점, 말을 겪과 응답, 책임 사이에서의 말씀이라는 관점, 그리고 말씀의 현재성이라는 시각에서 읽고 이해하고 있음을 알 수 있다.

III. 본회퍼의 묵상 이해와 방법

우리는 지금까지 본회퍼의 성경 이해를 살펴보았다. 이제 이런 관점을 가지고 그가 이해한 말씀 이해의 근거로 묵상에 대한 논의를 진행하고자 한다. 본회퍼는 묵상에 대한 논의를 핑켄발데에서 행한 하나의 논문(Anleitung zur täglichen Meditation)[29]에서 간략하게 진행하고 있는데 이 부분은 이 논문을 중심으로 전개하고자 한다.

1. 묵상의 이유

본회퍼는 논문에서 먼저 묵상에 대한 이유에 대해서 묻는다. 그 이유를 그는 4가지로 제시한다.

- 먼저 본회퍼는 그리스도인이기 때문에 묵상을 해야 한다고 주장한다. 그는 우리가 살아가는 삶 속에서 성경 안에 있는 하나님의 말씀의 인식에 대한 깊이를 잃어버릴 때가 있다고 본다. 신앙인은 견고한 하나님의 말씀의 기초 위에서 확실한 발걸음을 해야 함에도 말이다. 본회퍼는 신앙인으로서 하나님의 말씀을 듣는 것은 오직 설교를 들음과 기도하는 묵상을 통해서만 가능하다고 주장한다. 그래서 그에게 묵상은 신앙생활에 있어서 필

수적인 요소인 것이다.[30]

- 두 번째로 본회퍼는 왜 묵상을 해야 하는가에 대한 질문에 설교자이기 때문이라고 답한다. 그에 따르면 설교자가 묵상하지 않는다면 하나님의 말씀을 잘못 이용할 수 있다는 것이다. 그는 말씀이 나를 위한 말씀으로 경험되지 않는 설교자가 어떻게 하나님께서 맡기신 사역을 올바르게 감당할 수 있겠는가?라고 반문한다. 본회퍼는 이런 사역은 하나님께서 주신 직무에 죄를 짓는 것이라고 한다.[31]

- 세 번째로 그는 말씀 묵상과 기도를 연결시킨다. 우리는 기도를 종종 기분에 따라 길게, 짧게 아니면 전혀 하지 않는다. 그러나 이것은 옳지 않다. "기도는 하나님께 대한 자유로운 희생이 아니라, 하나님께서 요구하신 책임 있는 봉사이기 때문"이다. 그래서 본회퍼는 주장한다. 기도는 하루에 첫 번째로 드릴 예배이다. 하나님은 이 봉사(섬김)를 위해 우리의 시간을 요구하신다.[32]

본회퍼에게 기도, 예배 그리고 말씀묵상이 연결되어 있는 것을 확인 할 수 있다. 핑켄발데 시절에 목사후보자들과 함께 공동생활을 실천하려고 했던 것을 기록한 『신도의 공동생활』에서도 본회퍼는 다음과 같이 말한다. "성서 묵상은 우리를 기도로 인도한다. 우리는 이미 성서의 말씀에 이끌려 성서의 말씀에 토대를 두고 기도하는 것이야말로 가장 확실한 약속에 이르는 길"[33]이라고 말한바 있다.

- 마지막으로 본회퍼는 경건하지 못한 서두름과 불안이 목회자로서의 사역에 위협을 준다고 본다. 이런 위협으로부터 벗어날 수 있는 방법은 본회퍼에 따르면 오직 하나님 말씀의 고요(안식, 평화, 평온, 평안)로부터만 온다고 한다. 그래서 묵상을 해야 한다고 주장한다. 이런 생각은 우리를 본회퍼가 1933년 여름학기 베를린대학에 행한 강의 "그리스도론"에서 말한 침묵과 말함의 관계로 인도한다. 그의 말을 들어보자. "…반면에 교회의 침묵은 말씀 앞에서 침묵이다. 교회는 그리스도를 선포함으로써 침묵하면서 말로는 표현할 수 없는 분 앞에 무릎을 꿇게 된다. 하나님의 말씀은 말로는 표현할 수 없는 것이다. 그리스도에 관해 말하는 것은 침묵하는 것이며, 그리스도에 관해 침묵하는 것은 말하는 것이다. 이것이야말로 말씀 안에서 일어나는 하나님의 계시에 본연의 권리를 되돌려주는 순종의 행위이다. 교회가 침묵 속에서 말하는 것이야말로 그리스도를 바르게 선포하는 것이다. 기도란 침묵하면서 동시에 부르짖는 것이다. 즉 하나님의 말씀을 바라보면서 하나님 앞에서 이 둘을 동시에 행하는 것이다."[34] 이런 관점에서 보면 말씀 묵상이란 그리스도의 말씀을 바르게 선포하기 위한 교회의 올바른 자세임에는 틀림없다.

2. 묵상의 방향성

본회퍼는 말씀 묵상을 통해 지향하는 방향성을 계속해서 논의한다. 본회퍼는 주장한다. 말씀을 묵상하면서 우리는 그의 말씀 안에서 그리스도를 만나기 원한다. 위의 말씀 이해에서 이미 논의한 것처럼 하나님은 말씀 안에서 자신을 계시하기를 원하시며, 오직이 말씀 안에서만-하나님에게는 다른 방식으로 자신을 계시할 자유가 있음에도 불구하고- 인간에게 말씀 하실 수 있기 때문이다.[35] 그래서 본회퍼는 "우리는 그리스도께서 오늘 우리에게 그의 말씀을 통해 알게 하기를 원하시는 것을 듣기 위한 열망을 가지고 성경 텍스트로 간다. 그러기에 매일 우리가 다른 사람을 만나기 전에 주님을 먼저 만나야 한다"고 주장한다. 또한 주님을 따르는 것을 방해하는 것들에 대해 질문하고, 새로운 어려움들이 오기 전에 주님 앞으로 나아가야 한다고 주장한다. 주님의 말씀을 통한 매일 주님과의 연합, 주님의 도움, 주님의 인도하심, 이것이 바로 목적이다. 그래야만 매일의 삶을 신앙 안에서 새로운 힘으로 시작할 수 있다는 것이다.[36]

3. 묵상의 정의

　본회퍼는 묵상의 근거와 방향성을 말한 후에 묵상이 무엇인지를
설명한다. 그는 묵상을 다음과 같이 정의한다.

> *"사랑하는 사람의 말이 온 종일 너의 뒤를 따르는 것처럼, 성경*
> *의 말씀은 끊임없이 당신 안에서 공명해야하고 당신 안에서 일*
> *해야만 한다. 당신이 사랑하는 사람의 말을 쪼개거나 분석하지*
> *않고 그것을 받아들이는 것처럼, 성경의 말씀을 받아들이고 –*
> *마리아가 했던 것처럼– 말씀을 당신의 마음 안에 움직(작동하*
> *게)이게 하라! 이것이 모든 것이다. 이것이 묵상이다."*[37]

　본회퍼는 말씀 묵상을 남녀 사이에서 주고받는 사랑의 편지라는
이미지를 사용하여 정의하고 있다. 사랑하는 사람들 사이에서 주고
받는 편지는 쪼개거나 분석하는 것이 아니라 마음 속으로 모든 것을
받아들이고 그것이 마음 속에 움직이게 하는 것이라고 말한다. 그래
서 묵상을 다음과 같이 정의할 수 있다. "성경 말씀이 마음에서 움직
이게 하는 것"이다. 묵상할 말씀이 인간의 소유가 되기를 원하며, 말
씀이 인간 안에 들어오고, 인간이 그 말씀 안에 넣어지기를 원하며,
말씀이 우리를 움직이고, 우리 안에 일하고, 영향을 미치고, 우리 옆

에 머물러 계시게 하는 것이다.[38] 이런 의미에서 묵상은 성경과 함께 하는 전체적인 만남의 시도라고 본회퍼는 주장한다.[39]

이런 관점에서 본다면 본회퍼에게 묵상은 설교를 준비하기 위해 새로운 아이디어를 얻는 시간이나 성경공부를 하는 것이 아니라 우선적으로 나에게 말씀하시는 주님의 음성에 집중하는 시간이라는 것이 분명하다. 이런 점을 경계하면서 하나님의 말씀이 순전히 우리 심장 안에서 움직이고 우리의 마음을 점령하게 하는 것, 이것을 가리켜 본회퍼는 묵상이라고 한다.

그리고 또 하나 언급하고 넘어가야 할 사항이 있다. 본회퍼에게 말씀 묵상은 이미 언급한 것처럼 기도와 긴밀한 연결성을 가지고 있기에, 그가 묵상을 "기도하는 묵상"[40]이라고 이해하는 것도 타당하다.

4. 묵상의 방법

본회퍼는 말씀 묵상에 대한 기본적인 이해를 설명하고 나서 이제 본격적으로 그가 실천하고 있는 말씀 묵상에 대한 방법을 소개한다. 먼저 위에서 이미 언급한 것처럼, 다시 한번 묵상은 말씀에 근거한 것임을 강조하기 위해 자유로운 묵상과 말씀 묵상을 비교하며 시작한다. 일반적으로 묵상에는 자유로운 묵상과 성경 말씀에 근거한 묵상이 있다. 자유로운 묵상이란 예를 들면 그림이나 상징들을 가지고 묵상하는 방법이다. 당시 루터교 안에는 이런 묵상 방법들이 주를 이루었다.[41] 그러나 본회퍼는 성경에 근거한 묵상을 가르쳤다. 그는 우리 기도의 확실성과 우리 생각의 훈련을 위해, 그리고 한 본문을 가지고 묵상한다는 공동체성을 위해 그렇게 하기를 주장한다.[42]

본회퍼가 이처럼 성경에 근거한 묵상을 할 때 사용한 성경텍스트는 헬라어 성경이 아니라 당시 일반적으로 사용한 루터성경(1911)이었다. 이것은 다시 한번 우리에게 묵상에 대해 주의해야할 점을 생각하게 하는데 묵상이 성경연구와는 다른 성격임을 분명히 말하는 것이다. 그래서 그는 묵상을 할 때 성경연구를 위한 성경사전이나 주석서를 참고하지 않았다.

본회퍼는 이제 루터성경을 가지고 진행할 실질적인 말씀 묵상의 방법을 가르친다. 그는 먼저 말씀 묵상을 시작할 때 거룩한 성령님을 구하는 기도로 시작하라고 한다. 그런 후에는 묵상할 텍스트로 향하고, 묵상 후반부에서는 온 마음을 담은 감사기도를 드리라고 한다.

또한 묵상할 텍스트의 길이와 어떤 텍스트를 가지고 묵상해야 하는 지에 대해서는 한 주간 동안 10절에서 15절 분량의 구절을 가지고 묵상하는 것을 선호한다. 그는 매일 다른 본문으로 묵상하는 것을 추천하지 않는다. 그의 주장에 따르면 우리는 일반적으로 매일 말씀을 동일한 수용자세로 대하는 능력을 가지고 있지 않기 때문이다. 그리고 여기서 본회퍼는 다시 한번 주의를 환기시키면서 다음 주일 설교할 본문을 가지고 묵상하지 않기를 바란다. 설교를 위한 묵상은 매일 하는 묵상과는 구별되어야 하기 때문이다. 그리고 본회퍼는 일하기 전, 즉 아침식사 후에 대략 30분정도 묵상을 했다.

마지막으로 본회퍼가 말한 방법 중에 중요한 부분이 또 있다. 말씀 묵상은 한마디로 인간의 반대입장에서 한다는 것이다. 말씀 묵상은 인간에게 상응하지 않은 십자가의 낯선 장소에서 하나님을 발견한다. 그래서 본회퍼는 성경이 인간에 반대하여 읽어야 하는 낯선 말씀이라고 주장한다.[43] 우리는 일반적으로 성경의 생각보다 우리 자신의 생각을 더 선호한다. 그래서 우리는 종종 성경을 읽을 때 우리의 기호에 따라 읽을 때가 있다. 이런 읽기로는 주님의 온전한 뜻을 발견할 수 없다. 그래서 그는 우리가 성경을 묵상할 때 우리에 반대한 읽기를 해야 한다고 말한다. 그럴 때에만 예수 그리스도의 현존이 인간을 위해 전적으로 인격적인 의미를 가질 것이라고 본회퍼는 말한다.[44]

5. 묵상의 괴로움(짐) 극복

- 마지막으로 본회퍼는 말씀 묵상이 때로는 무거운 짐으로 느껴질 수 있

다는 실존적인 물음을 던진다. 그러면서 묵상의 힘든 문제를 극복할 수 있는 방법을 제시한다. 그것은 바로 다른 신앙인들이 함께 묵상하면서 서로를 도와주는 것이다. 그리고 서로를 위해 중보기도하는 것이라고 말한다. 본회퍼가 제시하는 극복 방법은 얼핏보면 매우 간단해 보인다. 그러나 이 단순한 극복 방법 안에는 본회퍼가 신학을 처음 시작했을 때부터 가지고 있던 공동체에 대한 이해가 그 배경으로 깔려 있다. 그가 박사학위 논문[45]에서부터 줄곧 주장한 공동체성의 중요성이 다시 한번 강조되고 있는 것이다.

이런 공동체성을 본회퍼는 1935년 1월 14일에 칼 프리드리히(Karl-Friedrich)에게 쓴 글 "교회의 부흥은 확실하게 새로운 수도원의 방법으로부터 오는데… 이것을 위해 사람들이 모여야 한다"[46]는 주장을 중간단계로 하여, 핑켄발데에서 진행한 형제의 집(Bruder-haus)에서 본격적으로 실험하였다. 이런 의미에서 본회퍼에게 공동체성은 묵상의 짐을 함께 짊어짐으로 그것을 극복하는 중요한 요소가 된다. 그리고 이것은 더 나아가 교회의 일어서고 넘어지는 본질적인 척도임에도 틀림없다.

IV. 본회퍼의 묵상 평가

　지금까지 본회퍼가 이해하고 있는 성경과 묵상에 대해 살펴보았다. 이제 본회퍼의 묵상에 대한 평가를 할 시점이다.

1) 말씀 묵상은 본회퍼의 삶에서 중요한 자리를 차지한다. 그는 매일 말씀을 묵상했다. 본회퍼는 그가 사용한 루터성경으로 그가 살았던 삶의 상황을 말씀 앞에 세우고, 동시에 말씀을 그 처한 삶의 상황에 세우면서 거기에 진지하게 응답하는 삶을 살았음을 확인할 수 있었다. 말하자면 말씀 묵상으로 얻어지는 인식들을 통해 매일의 삶을 위한 행동의 지시를 얻었다는 것이다.

　예를 들어 본회퍼가 그의 생애 마지막까지 사용했던 루터성경을 보면 시편74:7[47](루터성경은 8절)에 밑줄이 그어져 있고, 거기에 1938년 11월 9일이라고 쓰여 있다. 이 날짜는 당시 나치돌격대에 의해 유대인 회당과 상점들이 파괴된 그 유명한 '수정의 밤(Kristallnacht)'사건이 일어난 날이다.[48] 본회퍼는 이 사건과 연관하여 그 후에도 시편74편, 스가랴 2:12, 로마서 9:4과 11:11-15절을 깊게 묵상했다. 이런 말씀을 통해 삶 속에서 일어나는 역사적 사건들을 바라보며 그것을 통해 말 걸어오시는 하나님을 만나기 원했다. 이것은 본회퍼 자신이 직접 주장하는 것이기도

한데, 말씀 묵상은 내부적으로나 외부적으로 일어나는 모든 제도와 질서를 그의 삶으로 가져오기 위한 결정점이 되었다는 것이다. 지금까지 유지되었던 모든 질서들이 무너지고, 삶을 위협하는 일들이 일어날 때 묵상은 그에게 지금까지의 삶을 유지하게 하는 것이 되며, 또한 공동체의 공동체성을 보존하게 하는 계기가 되었다.[49]

본회퍼에게 말씀 묵상이 갖는 의미에 대해서는 계속해서 다음 일련의 역사적 상황과 사건들을 통해 추적해 볼 수 있을 것이다. 그는 1939년 6월 2일에 자신과 독일교회의 어려운 상황에 직면하여 어쩔 수 없이 독일을 떠나 미국으로 향한다. 미국에서 체류하는 동안 본회퍼는 매일 말씀을 묵상하며 자기에게 일어난 상황 속에서 말씀하시는 하나님의 음성을 듣기를 간절해 원했다. 그의 말을 들어보자.

"도무지 견딜 수가 없다…오늘 주신 하나님의 말씀은 다음과 같다. '내가 곧 가겠다'(계 3:11). 꾸물거리고 있을 시간이 없건만, 이곳에서 여러 날을 허비하고 있다. 어쩌면 여러 주가 될지도 모른다. 어쨌든 지금은 그럴 것 같다. 그래서 스스로 이렇게 다짐한다. '지금 여기에서 도망치는 건 비겁하고 모자란 짓이다.' 이곳에서 정말로 의미 있는 일을 할 수 있을까? 일본 정세가 불

안하다는 소문이 있다. 일본 정국이 안정 되지 않는다면, 지금
곧 독일로 돌아가야 한다. 독일 밖에서 혼자 지내서는 안 된다.
이건 너무나 자명한 사실이다. 내 인생 전체가 저 너머에 있기
때문이다." [50)]

본회퍼는 그가 가지고 있는 성구집을 매일 묵상하며 말씀으로
현실을 바라보았고, 동시에 현실을 말씀 앞에 세우는 일을 하고
있었다.

또한 본회퍼는 1939년 6월 24일에 주신 성구인 이사야 28:16
(믿는 사람은 달아나지 않는다)을 묵상하면서 현재 자신이 처한
내면적이고 역사적인 상황 앞에서 내린 결단을 고백하고 있다.
"믿는 사람은 달아나지 않는다." 이 말 속에는 그가 내린 결정, 즉
미국에 머무르는 것은 하나의 달아나는 행위와 다름없다는 생각
을 담고 있음을 알 수 있다. 그래서 본회퍼에게 미국여행은 처음
부터 마음 편한 것이 아니었다. 그는 결국 여러 가지 이유로 다시
돌아오기로 결정한다. [51)] 이런 여러가지 과정 속에서도 말씀 묵상
이 중요한 역할을 한다. 본회퍼는 이사야 41:9[52)]를 묵상하면서 당
시 자신이 처한 삶의 어려움들을 극복하고 이 말씀이 자신에게
말 걸어 오시는 하나님의 부르심임을 깨닫는다. 또한 미국에서
독일로 되돌아갈 시기를 결정할 때도 본회퍼는 디모데후서

4:21[53]을 묵상하면서 그 시기를 결정한다.[54]

본회퍼가 다시 독일로 돌아가기로 결정한 후 한 묵상 중에 1939년 7월 1일과 7월 9일의 것을 살펴보는 것은 그에게 말씀 묵상이 어떤 역할을 했는지를 추적하는데 유익할 것이다.

"하루 종일 독일 상황과 교회 사정이 마음속을 떠나지 않았다…오늘 성구가 대단히 좋다. '누가 먼저 내게 주고 나로 하여금 갚게 하겠느냐 온 천하에 있는 것이 다 내 것이니라'(욥 41:11, 개역개정). '만물이 그에게서 나고, 그로 말미암아 있고, 그를 위하여 있습니다. 그에게 영광이 세세에 있기를 빕니다'(롬 11:36). 지구, 민족들, 독일, 그리고 무엇보다도 교회는 그분의 손에서 떨어지지 않을 것이다. 현 상황에서 '당신의 뜻이 이루어지이다'하고 기도하기가 무척 어려웠다. 그러나 반드시 그래야 한다."[55]

그리고 7월 9일자에는 미국에서 머문 시간에 대한 평가를 내린다.

"1939년 7월 9일. 신학 문제를 놓고 칼 프리드리히 형과 대화를 나누고 상당한 분량의 책을 읽었다. 낮의 길이가 눈에 띄게 줄어들어 한 시간가량 짧아졌다. 배에 오르자 마자 미래에 대한

내적 갈등이 멎었다. 미국에서 보낸 짧은 시간을 더는 탓하지 않기로 했다. 오늘 성구는 다음과 같다. '고난을 당한 것이 내게는 오히려 유익하게 되었습니다. 그 고난 때문에 나는 주님의 율례를 배웠습니다(시 119:71).' 내가 좋아하는 시편에서 뽑은 내가 좋아하는 구절 중 하나다."[56]

이런 여러 가지 역사적인 상황에서 본회퍼에게 묵상은 단순히 개인적인 영성의 차원에만 국한되지 않고 외부를 향한 즉, 사회윤리적인 차원의 영역에까지 영향을 미친다는 것을 알 수 있다.[57] 손규태도 주장하기를 본회퍼에게 있어서 묵상을 포함한 영성은 개인적이고 교회적인 차원을 포함하고 더 나아가 사회의 해방을 그 목표로 하고 있다고 주장한다.[58] 그러나 이것은 단지 1930년 후반에만 일어난 일이 아니라, 1930년 초반부터 성경과 그의 삶이 긴밀한 연관성 안에서 진행되었음을 볼 수 있다.[59]

2) 이제 위의 평가에 근거하여 본회퍼가 말씀 묵상을 통해 어떻게 개인적인 차원을 넘어 사회윤리적인 차원으로 나아갈 수 있었는가에 대해 살펴보겠다. 그것은 먼저 위에서 본 것처럼 본회퍼의 말씀 이해를 통해서 확인할 수 있다.

본회퍼는 박사학위 논문 『성도의 교제』에서 말씀이 갖는 사회적인 차원을 주장한다. 그는 교회에 대한 논의를 진행하기 위해 말씀과 성령의 관계를 논의한다. 그러면서 이렇게 주장한다. "오직 이 말씀을 통해서만 성령은 일할 수 있다. 만약 성령의 직접적 활동이 없다면, 교회의 이념은 이미 처음부터 개인주의적으로 해체되었을 것이다. 그러나 가장 깊은 사회적 관계가 처음부터 제정되었다. 말씀은 처음이 아니라 끝까지 사회적 성격을 갖는다."[60]

본회퍼는 1933년 행한 "그리스도론" 강의에서 이런 생각들을 더 상세하게 설명한다. 하나님의 말씀으로서의 그리스도는 관념의 형태로 존재하는 인간의 말과는 다르게, 역사 속에서 일어나는 사건으로서 하나님의 인격적인 말씀으로 인간에게 말을 걸어오신다고 그는 이해한다. 말의 걸음 인간에게 두 가지 형태의 반응을 요구하는데, 그것은 응답과 책임이다.[61] 위의 내용을 분명히 하기 위해 본회퍼의 말을 더 들어보자. "말씀으로 그리스도는 무시간적인 진리가 아니라 우리에게 말 건네는 하나님의 말씀으로서 구체적인 순간으로 진입해 들어오는 진리"라고 주장한다. 그래서 "그리스도 안에서는 그 어떤 새로운 하나님 개념이나 도덕론이 중요한 것이 아니라. 오히려 그분 안에서는 하나님께서 인간을 책임으로 부르시는 인격적인 하나님의 말을 걸이 중요하다. 이것이 '그리스도는 계명인 동시에 용서'라는 명제의 의미이다. 이러한 계명이 옛 계명인지 새 계명인지, 혹은 이 계명이 이미 말한 것인지 아닌지는 중요하지 않다. 중요한 것은 용서가 실제로 어디서 일어나느냐는 것이다. 여기서 용서가 실제로 일어나기에 그리스도는 그의 인격 속에서 하나님의 말씀으로 존재한다."[62] 이것은 우리에게 본회퍼는 말씀 묵상을 통해 역사적으로 그에게 말 걸어 오시는 인격적인 하나님을 대면하여 응답과 책임의 반응을 보였음을 확인 할 수 있다.

　이런 생각은 본회퍼가 작성한 단편으로 구성된『윤리학』이라는 책에서 더 구체적으로 발전되고 있다. 그는 특히 책임이라는 개념을 통해 그것을 더 구체화한다. 그에 의하면 책임은 예수 그리스도 안에서 우리에게 다가오는 하나님의 말씀에 응답하는 것, 더 정확히 말하면 말씀이신 예수님의 삶에 응답하는 것이다. 그에 따르면 이런 책임에 따른 삶의 구조는 두 가지로 나타나는데, 인간과 하나님을 위한 삶의 묶임(Bindung)과 자신의 삶의 자유를 통한 결정이다.[63] 인간과 하나님을 위한 삶의 묶임은 타자에 대한 대리(Stellvertrtung)와 현실에 어울리는 것으로 드러나며, 자신의 삶의 자유를 위한 결정은 죄의 용서와 자유 그리고 타인을 위해 위험을 담당하는 모험 등으로 나타난다. 이런 이해를 바탕으로 본회퍼는 독일민족의 암울한 운명을 위해 투쟁하고 그의 목숨을 던졌다. 그것은 영웅적인 행위가 아니라 철저하게 말씀이신 예수 그리스도의 삶에 응답하는 책임의 삶을 산 것이다. 이를 통해 본회퍼에게 윤리는 개인적인 관심과 사회적인 관심을 통합하는 시각을 가지고 있음이 분명하다. 그런데 이런 사상의 단초가 그의 말씀 이해에서부터 시작되었고, 그러기에 말씀의 묵상은 사회적인 차원을 가질 수밖에 없다고 말 할 수 있다.

3) 그리고 본회퍼가 진행하는 말씀 묵상은 당시 그가 그토록 원했던 교회를 새롭게 하기 위한 좋은 전략으로도 평가되었다. 그가 진행하는 말씀 묵상은 단순한 개인의 차원을 넘어 교회(공동체)를 새롭게 하는 좋은 영적인 요소였다. 그래서 본회퍼는 1935년 1월 14일에 칼 프리드리히에게 쓴 글에서 이렇게 주장한다. "교회의 부흥은 확실하게 새로운 수도원의 방법으로부터 온다. 그 새로운 수도원 운동의 방법은 주님을 따르는 제자도안에서 산상수훈에 따라 살아가는 것을 말한다. 이것을 위해 사람들이 모여야 한다."[64] 본회퍼는 목회자 후보자들과 핑켄발데에서 함께 했던 공동생활을 통해서 새로운 수도원운동의 방법을 실현해 보려고 노력했다. 그 결과로 나온 책이 『신도의 공동생활』이다.[65] 그 중에서도 말씀 묵상은 이런 새로운 수도원운동을 진행하는데 중요한 방법이었다. 그런데 여기에서도 분명한 것은 이런 수도원적인 운동이 내부에만 집중하는 개인적인 영성에만 집중한 것이 아니라는 사실이

다. 그는 새로운 수도원 운동의 성격을 1935년 9월 6일에 쓴 한 편지에서 분명히 주장한다. "수도원적인 분리가 아니라, 외부를 향하여 섬기기 위한 내부로의 집중이 그 목적이다."[66] 새로운 수도원 운동은 세상과 분리되어 게토화(Getto)되는 것이 아니라 외부를 향하여 그러니까 세상을 향하여 섬기기 위한 내부로의 집중이라는 것이다. 본회퍼의 삶과 연관하여 생각하여 본다면 "세상을 향한 섬김"은 1930년대의 교회 투쟁에서 하나님의 말씀을 담대하게 선포하고, 순간순간 다가오는 힘든 교회 현실 상황에서 언제나 말씀 선포의 직무를 준비하는 모습으로 드러난다.[67] 본회퍼에게 묵상은 이런 관점에서 이해되고 있는 것이다.

V. 결론

지금까지 본회퍼가 이해한 성경 이해, 묵상의 이해와 방법 그리고 묵상에 대한 평가를 살펴보았다. 이것을 통해 우리는 본회퍼에게 있어서 묵상이 삶과 긴밀한 연결성을 가지고 있음을 확인하였고, 더 나아가 단순히 개인적이고 내면적인 영성에만 치우치는 것이 아니라, 사회윤리적이면서 일상을 새롭게 하고, 일터를 풍성하게 할 수 있는 방향으로, 그리고 교회를 새롭게 하는 중요한 전략적인 성격을 가지고 있음을 발견했다.

이것은 그가 가지고 있는 성경에 대한 이해를 바탕으로 이루어졌다. 특히 구약성경을 바라보는 입장이나 성경에 대한 현재성을 가진 읽기, 그리고 말씀에 대한 신학적인 이해가 그것을 가능하게 했다. 이런 관점에서 본다면 본회퍼의 묵상법은 개인주의 성향에 물든 한국교회에 많은 시사점을 줄 수 있을 것이다. 또한 유행처럼 번져있는 묵상에 대한 올바른 신학적 방향성을 제시할 수 좋은 안내자가 될 것이다.

註

1) 이 글은 강안일, "디트리히 본회퍼의 묵상", 『신학사상』 165(2014), 263-94를 수정한 것이다.

2) 본회퍼는 1906년 2월 4일에 당시는 아니었지만 현재는 폴란드의 도시인 브레슬라우 (Breslau)에서 쌍둥이로 태어났다. 8형제 중에 6번째이다. 1912년에 베를린으로 이사 후 그 곳에서 성장, 학업 그리고 1943년 체포된 이후 1945년 4월 9일에 플로센뷔르크 (Flossenbürg)에서 그의 짧은 생을 마감했다. 본회퍼에 대한 생애와 신앙, 신학에 대한 포괄적인 안내서로는, Eberhard Bethge, Dietrich Bonhoeffer (Gütersloh, 2005); Ferdinand Schlingensiepen, Dietrich Bonhoeffer1906-1945. Eine Biographie (München, 2005); 번역서로는, 에릭 메택시스, 『디트리히 본회퍼』, 김순현 역(서울: 포이에마, 2011); Sabine Dramm, Dietrich Bonhoffer : eine Einführung in sein Denken, 『본회퍼를 만나다』, 김홍진 역(서울: 대한기독교서회, 2013); 존 D. 갓시, 『디트리히 본회퍼의 신학』(서울: 대한기독교서회, 2006); 그리고 다음의 책도 도움이 된다. 고재길, 『본회퍼, 한국교회에 말하다』(서울: 케노시스, 2012); 박봉랑, 『기독교의 비종교화』(서울: 대한기독교서회, 1980); 이형기, 『본회퍼의 신학사상』(서울: 장로회신학대학출판부, 1991).

3) Peter Zimmerling, Bonhoeffer als Praktischer Theologe(Göttingen, 2006), 69; 3곳의 수도원에 대한 정보는 다음 책을 참고하라. Ferdinand Schlingensiepen, 앞의 책, 193; die "Society of St. John the Evangelist" in Oxford, die "Society of the Resurrection" in Mirfield und die "Society of the Sacred Mission" in Kelham.

4) 본회퍼가 진행한 수도원적 특성을 가진 묵상은 당시 모든 사람들에게 언제나 긍정적으로 받아들이지 않았다. 그가 핑켄발데에서 행한 묵상에 대한 반대의 목소리도 있었다. 다음을 참고하라. Eberhard Bethge, Dietrich Bonhoeffer, 앞의 책, 530-531; Peter Zimmerling, 앞의 책, 71-73.

5) 대표적으로 다음의 책들이 있다. 박대영, 『묵상의 여정』(서울: 성서유니온선교회, 2013); 정성국, 『묵상과 해석』(서울: 성서유니온선교회, 2018).

6) 이 부분은 마틴 큐스케(Martin Kuske)가 쓴 "그리스도의 책으로서 구약성경"(Das Alte Testament als Buch von Christus)에서 밝힌 본회퍼의 성경 이해와 알텐네어(Altenähr)

가 쓴 "기도의 교사 본회퍼"라는 책에 밝힌 본회퍼의 성경 이해를 중심으로 정리하였다. Martin Kuske, Das Alte Testament als Buch von Christus(Göttingen: Vandenhoeck und Ruprecht, 1971); Altenähr, Dietrich Bonhoeffer Lehrer des Gebets(Würzburg: Echter Verlag, 1976).

7) 이것을 위해 다음을 참고하라. Wilfried Joest und Johannes von Lüpke, Dogmatik 1(Göttingen, 2010), 65-71; W.Härle, Dogmatik(Berlin, 2007), 111-139; Rochus Leonhardt, Grundinformation Dogmatik(Göttingen, 2008), 179-199. 특별히 본회퍼와 관련해서 다음 책을 참고, Ernst Georg Wendel, Studien zur Homiletik Dietrich Bonhoeffer. Predigt-Hermeneutik-Sprache(Tübingen, 1985), 83-109.

8) Frank Crüsemann, Das Alten Testament als Wahrheitsraum des Neuen. Die neue Sicht der christlichen Bibel(Gütersloh, 2011), 31-64; Martin Kuske, 앞의 책, 13-18까지 참조.

9) Dietrich Bonhoeffer, Dietrich Bonhoeffer Werke, hg. v. E. Bethge, E. Feil, Chr. Gremmels, W. Huber, H. Pfeifer, A. Schönherr, H. E. Tödt, I. Tödt, München 1986-1991(Gütersloh, 1992-1999). 이후부터는 본회퍼의 전집의 표시를 'DBW'으로 사용한다. DBW 8, "Widerstand und Ergebung"『저항과 복종』, 손규태, 정지련 역(서울: 대한기독교서회, 2010), 297.

10) DBW 14, 앞의 책, 878, 각주 2번 참조.

11) DBW 14, 앞의 책, 146.

12) Martin Kuske, 앞의 책, 111 또는 132.

13) 강성모,『이 사람을 보라. 본회퍼의 삶과 신학』(서울: 나눔사, 2006), 200.

14) Dietrich Bonhoeffer,『창조와 타락』, 강성영 역(서울: 대한기독교서회, 2010), 37.

15) Dietrich Bonhoeffer,『창조와 타락』, 앞의 책, 37; 존 D. 갓시에 따르면 본회퍼가 신학적인 관점으로 해석한 작품으로는『창조와 타락』,『다윗왕』,『나를 따르라』,『유혹』,『신도의 공동생활』,『성서의 기도책』등 이라고 한다. 존 D. 갓시, 앞의 책, 136-226.

16) Dietrich Bonhoeffer,『창조와 타락』, 앞의 책, 37.

17) Dietrich Bonhoeffer,『창조와 타락』, 앞의 책, 37.

18) 박봉랑,『기독교의 비종교화』(서울: 대한기독교서회, 1980), 623.

19) 김윤규, "디트리히 본회퍼의 설교학에 관한 연구",『신학과 실천』30 (2012), 221.

20) DBW 14, 앞의 책, 146.

21) Dietrich Bonhoeffer, "Christologie"『그리스도론』, 유석성 역(서울 2010), 34.

22) 위의 책, 35-36.

23) 위의 책, 11.

24) DBW 14, "Vergegenwärtigung von NT-Texten", 앞의 책, 399-419. 본회퍼는 현재성, 또는 생생하게 그려냄(Vergegenwärtigung)을 말할 때 두 가지를 생각한다. 먼저는 성경 말씀을 현재성 앞에서 정당화시키는 작업이고, 또 다른 하나는 현재성을 성경 말씀 앞에서 정당화시키는 작업이다.

25) 위의 책, 404.

26) DBW 9, 앞의 책, 312; Christina-Maria Bammel, Bonhoeffers Verständnis der Heiligen Schrift in der Schule Martin Luthers, in: Klaus Grünwaldt, Christiane Tietz, Udo Hahn(hg.), Bonhoeffer und Luther. Zentrale Themen ihrer Theologie(Hannover, 2007), 42.

27) DBW 14, 앞의 책, 404.

28) DBW 11, 앞의 책, 332(Zur theologischen Begründung der Weltbundarbeit); 이것을 위해 참고하라. Christiane Tietz-Steiding, "Gott ist uns immer gerade heute Gott", Bonhoeffer-Rundbrief Nr. 70(2003), 8-21.

29) DBW 14, "Anleitung zur täglichen Meditation", 앞의 책, 945-950.

30) 위의 책, 946.

31) 위의 책, 946.

32) 위의 책, 946, 본회퍼가 이 부분에서 제시한 성경구절은 다음과 같다. 시편 119:147-148 "내가 날이 밝기 전에 부르짖으며 주의 말씀을 바랐사오며 주의 말씀을 조용히 읊조리려고 내가 새벽녘에 눈을 떴나이다." 시편 119:164 "주의 의로운 규례들로 말미암아 내가 하루 일곱 번씩 주를 찬양하나이다."

33) DBW 5,『신도의 공동생활』, 정지련, 손규태 역(서울: 대한기독교서회, 2010), 89.

34) Dietrich Bonhoeffer,『그리스도론』, 앞의 책, 11-12.

35) 위의 책, 34.

36) 위의 책, 35. 참조. "...이 말씀은 무시간적이 아니며, 역사 속에서 일어나는 사건이다. 따라서 하나님의 말씀은 보편적이거나 언제 어디서나 접근 가능한 것이 아니며, 타자

로부터 말을 겹이 일어나는 곳에서 발생한다. 말씀은 말하는 자의 자유에 좌우된다. 말씀은 본질적으로 유일하며 매 순간 새롭다."

37) DBW 14, 앞의 책, 947 "Wie das Wort eines lieben Menschen dir den ganzen Tag lang nachgeht, so soll das Wort der Schrift unaufhörlich in dir nachklingen und an dir arbeiten. Wie du das Wort eines lieben Menschen nicht zergliederst, sondern es hinnimmst, wie es dir gesagt ist, so nimmt das Wort der Schrift hin und bewege es in deinem Herzen wie Maria tat. Das ist alles. Das ist Meditation."

38) 본회퍼는 1936년 4월 8일에 뤼디거 슐라이허에게 보낸 편지에서 이렇게 말한다. "말씀은 나에게 날마다 놀랍다. 나는 아침 저녁으로 말씀을 읽고, 종종 온 종일 읽을 때도 있다. 나는 일주일간 묵상할 말씀을 택한다. 그리고 그 안에 온전히 하나님의 말씀을 듣기 위해 몰두한다. 나는 그것 없이는 올바른 신앙을 할 수 없음을 안다." DBW 14, 앞의 책, 146.

39) Altenähr, 앞의 책, 260.

40) DBW 14, 앞의 책, 946.

41) Peter Zimmerling, 앞의 책, 69.

42) DBW 14, 앞의 책, 946.

43) DBW 11, 앞의 책, 353.

44) 위의 책, 353; Altenähr, 앞의 책, 258 .

45) DBW 1, Sanctorum Communio 『성도의 교제』, 유석성, 이신건 역(서울: 대한기독교서회, 2010), 190, 본회퍼는 여기에서 교회를 정의하기를 "공동체(교회)로 존재하는 그리스도"(Christus als Gemeinde existierend)라고 한다.

46) DBW 13, 앞의 책, 273. "교회의 부흥은 확실히 새로운 수도원의 방법으로부터 온다. 그것은 예전과 같이 산상수훈의 따른 삶의 비타협성을 그리스도를 따름 안에서 공동으로 가지는 것이다. 나는 지금이야 말로 이를 위해 사람들이 모여야 하는 때라고 생각한다."

47) "주의 성소를 불사르며 주의 이름이 계신 곳을 더럽혀 땅에 엎었나이다."

48) Eberhard Bethge, 앞의 책, 684-85.

49) DBW 16, 앞의 책, 241.

50) 에릭 메택시스, 『디트리히 본회퍼』, 앞의 책, 478.

51) Traugott Jähnichen, Freie Verantwortlichkeit und Zivilcourage, in: Dietrich Bonhoeffer- Stationen und Motiv auf dem Weg in den politischen Widerstand, hg. v. Günter Brakelmann, u. a.(Münster, 2005), 93; DBW 8: 앞의 책, 253; Eberhard Bethge, 앞의 책, 730.

52) "내가 땅 끝에서부터 너를 붙들고 땅 모퉁이에서부터 너를 부르고 네게 이르기를 너는 나의 종이라 내가 너를 택하고 싫어하여 버리지 아니하였다 하였노라."

53) "너는 겨울 전에 어서 오라 으불로와 부데와 리노와 글라우디아와 모든 형제가 다 네게 문안하느니라."; 이 구절을 근거로 본회퍼가 독일로 돌아갈 시기를 정한 묵상의 결과를 놓고 이견이 있다. 이것이 올바른 해석인가? 본회퍼가 묵상한 본문의 정확한 역사적 해석인가? 등이다. 다음 책을 참고하라. 정성국, 『묵상과 해석』, 41, 정성국은 이후 그의 책에서 본회퍼 묵상을 긍정적으로 평가한다.

54) DBW 15, 앞의 책, 234. 본회퍼는 여기에서 사도바울이 디모데에게 겨울 전에 오라고 하는 말을 자기의 상황에 적용하는 것이 성경의 잘못된 사용이라고 생각하지 않는다. 왜냐하면 하나님은 이 말씀을 통해 자기에게 은혜를 주시기 때문이라고 한다.

55) 에릭 메택시스, 『디트리히 본회퍼』, 앞의 책, 492.

56) 위의 책, 494.

57) Peter Zimmerling, 앞의 책, 71.

58) 손규태, 『사회윤리학의 탐구』, (서울: 대한기독교서회, 1992), 206.

59) DBW 14, 앞의 책, 146을 참고하라.

60) DBW 1, 『성도의 교제』, 앞의 책, 140.

61) Dietrich Bonhoeffer, "Christologie", 앞의 책, 35-36.

62) 위의 책, 36.

63) 이것에 대한 자세한 설명은, Dietrich Bonhoeffer, 『Ethik』, 앞의 책, 307-46; 그리고 본회퍼의 책임에 대한 철학적 배경을 연구한 책은 다음을 참고하라. Friederike Barth, Die Wirklichkeit des Guten. Dietrich Bonhoeffers "Ethik" und ihr philosophischer Hintergrund(Tübingen, 2011), 230-314.

64) DBW 13, 앞의 책, 273.

65) DBW 5, 『신도의 공동생활』, 정지련, 손규태 역(서울: 대한기독교서회, 2010), 그런데 본회퍼가 쓴 4번째 책인 『나를 따르라』도 이런 배경 속에서 쓰여졌다.

66) DBW 14, 앞의 책, 76. "Nicht klösterliche Abschiedenheit, sondern innerste Konzentration für den Dienst nach außen ist das Ziel."

67) 김형근, 『본회퍼의 영성』(서울: 넷북스, 2010), 82; Josef Außermaier und Gregor Maria Hoff(Hrsg.), Dietrich Bonhoeffer-Orte seiner Theologie(Paderborn, 2008), 107.

'말씀과 공동체'의 관계[1]

I. 서론

1932년 여름학기에 베를린 대학에서 행한 강연에서 본회퍼는 개신교 신학이 지금까지 가진 근본적인 문제점을 개인주의화되는 것이라고 말한다.[2] 예를 들면 공동체 안에서 하나님을 인식하던 것이 개인적인 하나님 인식으로 전락해 버리고, 신학 안에도 파편화가 이루어지고 있다는 것이다. 이런 개인화의 문제가 신학 전반에 뿌리깊이 자리를 잡고 있다는 인식 아래 본회퍼는 개신교 공동체 안에 있는 개인주의화[3]되고 있는 흔적들을 강연에서 계속 추적한다. 개신교 안에서 개인주의화가 갖는 이런 여러 모습들에 대해 데이비드 웰스(David J. Wells)는 그의 책에서[4] 자세히 설명한다. 그는 우선 개신교 종교개혁이 갖는 장점을 말하는데, "하나님의 형상됨과 그 형상을 성령이 재창조하시는 역사에 근거해서 한 개인이 하나님에 대해" 알게 된 것이라 하고, 이를 통해 인간의 존엄성이 확고하게 세워지는 계기가 되었다고 주장한다.[5] 그러나 개신교 종교개혁에서 획득한 소중한 개인의 존엄성의 의미는 미국으로 전해지면서 개인주의적인 모습을 더욱 강조하는 방향을 취하게 되었다고 평가한다. 그에 따르면 "복음주의자는 언제나 그리스도를 개인적으로 알 수 있고 알 수 있어야 한다"고 말했다. 그리고 이에 따라 "복음주의자는 신앙의 확신을 성경 가르침의 객관적 진실성이라는 맥락에서가 아니라 주관적 체험의 효과라는 맥락에서 추구하기 시작했다"고 한다.[6] 이것이 웰스가 지적한 개인주의 영향을 받은 현대 복음주의 신앙의 모습이다. 즉 개신교 종교개혁이 인간의 가치를 회복하는데 중요한 기여를 한 것은 분명하지만, 그것으로 인해 모든 종교적인 가치가 인간 내면 안에서 획득되어지는 방향으로 나아감으로 인해 개인주의화되는 현상이 심화되었다는 것이다. 몇 년 후 볼프강 후버(Wolfgang Huber)도 현대사회가 발전하면서 사회와 교회 안에 일어나는 여러 가지 변화들에 대해 자세히 언급한다. 그는 변화된 사회 속에서 파악되는 특징을 세가지로 말하는데 세속화, 가치변화, 개인주의화이다.[7] 이것들 중에 개인주의화는 앞의 두 가지 변화와 긴밀한 연결성을 갖고 우리 사회와 교회 안에 모습을 드러낸다고 한다.

개인주의화가 근대화의 산물이라는 것에는 이의가 없을 것이다. 전근대적인 가치관이 해체되면서 "종교개혁과 시장화 과정을 통해 개인주의화는 개인의식의 차원은 물론 객관적인 삶의 상황, 다시 말해 제도와 연결된 생활양식에서의 개인주의화"도 보여주고 있다.[8] 이런 개인주의화의 문제는 본회퍼가 살았던 시기 이전과 이후에도 있었고, 지금도 우리의 논의해야 할 중요한 문제임은 분명하다. 그런 점에서 본회퍼의 "말씀과 공동체"의 관계 이해를 다루는 것은 가치 있는 일이다. 특히 개인주의화되고 있고, 개인주의화로 인한 여러 가지 결과들로 몸살을 앓는 한국교회 상황에서 본회퍼의 "말씀과 공동체의 관계" 이해는 다시 한번 말씀의 본질과[9] 공동체의 관계성을 재고하게 하며, 이것을 통해 개인주의화된 교회의 신앙형태를 극복하고 우리가 나아갈 방향성을 찾는데 많은 도움이 될 것이다. 이를 위해 우선 본회퍼가 그의 저작들 가운데서 "말씀과 공동체의 관계"라는 주제를 다룬 부분들을 주의 깊게 살펴보고자 한다. 그러나 본회퍼의 생애와 저작의 배경 설명은[10] 본 논문에서 직접적으로는 다루지 않지만, 역사적인 상황을 고려하면서 저작들 중에서 주제와 직접적 관련이 있는 부분을 중심으로 살펴보고(Ⅱ), 마지막으로 본회퍼의 "말씀과 공동체의 관계"이해가 오늘날 한국교회 안에 어떠한 의미를 지니는지를 제시할 것이다(Ⅲ).

Ⅱ. 본회퍼의 저작에 나타난 말씀과 공동체의 관계

1. 『성도의 교제』에 나타난 말씀과 공동체의 관계

1) 말씀은 행위다.

본회퍼가 『성도의 교제』에서 집중한 것은 "그리스도 안에서 일어난, 계시 안에서 주어진 교회의 현실을 사회철학적, 사회학적 관점 안에서 구조적으로 이해하는 것"[11]이다. 이를 위해 교회를 "오직 안으로부터"[12] 즉 복음으로부터 이해하는 방법을 취한다. 이를 위한 논의에서 가장 중요하게 다루어진 것이 그리스도교적인 인격개념이다. 본회퍼는 이 인격개념이 오직 "사회성 안에서만"이루어진다는 것을 제시하고자 하고, 이를 통해 "인격개념과 공동체 개념, 하나님 개념은 서로 뗄 수 없는 본질적 연관성"[13]을 갖는다고 주장한다. 비록 하나님에 대한 불순종으로 인해 "하나님과의 직접적인 교제와 함께 직접적인 사회적 교제도 상실되었지만,"[14] 하나님은 그럼에도 공동체를 향한 의지를 가지고 계신다. 그래서 교회를 가리켜 "인간을 위한 하나님의 새로운 뜻(의지)"이라고 한다.[15] 새로운 뜻이라는 것은 하나님께서 원초적 공동체를 통해 이루고자 하신 뜻이 인간에 의해 좌절되었지만 다시 한 번 새롭게 그것을 이루려 하신다는 것이다. 본회퍼는 이를 위해 하나님은 "구체적이고 역사적인 인간"과 함께 하시기를 원하신다고 말한다.[16] 인간과 함께 하시려는 하나님의 뜻은 역사 속에서 시작할 수밖에 없다. 그래서 하나님의 뜻은 보여 질 수 있고 이해될 수 있다. 왜냐하면 하나님께서 이미 그것을 보여주셨고, 새롭게 창조하셨기 때문이다. 본회퍼는 이것과 관련하여 칼 바르트[17]와 대화하면서 "그의 말씀은 항상 행위"[18]라는 인식을 가지고 설명한다. 하나님의 말씀은 늘 말씀하시면서 행동하시기 때문에, 하나님이 말씀하시는 곳에 드러남과 새로운 창조가 실현된다는 것이다. 본회퍼는 바로 이것이 교회(Gemeinschaft)라고 한다.[19] 말씀과 공동체의 관계가 하나님의 행동이라는 말씀 이해를 통해 역사적으로 드러나고 있음을 확인할 수 있다.

2) 말씀의 사회성

말씀과 성령의 관계성을 근거로 본회퍼는 말씀의 사회성을 말한다. 성령은 말씀을 통해서 그리스도 안에서 실현된(realisiert) 교회를 활성화시킨다. 다른 말로 하면 말씀이 가진 본래적인 특성을 성령이 활성화시키는 것이다. 그럼 말씀이 가지고 있는 본래적인 특성이 무엇인가? 그것은 사회성, 즉 공동체성이다. 이는 계시의 형태로서 드러나는 "공동체로 존재하는 그리스도"를 가리킨다.[20] 본회퍼는 "말씀은 처음만 아니라 끝까지 사회적 성격을 갖는다"고 주장한다.[21] 이것은 말씀이 원래 듣는 사람을 전제로 하기 때문에, 본회퍼의 표현대로 하면 "말씀을 듣는 사람들이 많아지기를 바라는 의도"를 가지고 있고, 이것은 교회를 활성화 시키는 "가시적 표징"이라는 것이다. 이 가시적 표징들은 그리스도를 통해서 실현된 교회 안에서 드러난 세 가지 사회학적 관계, 즉 영의 다양성, 영의 교제, 영의 일치와 긴밀한 관계성을 갖고 있다.[22] 이런 의미에서 말씀은 그 자체 안에 사회성, 즉 공동체성을 가지고 있으며 성령을 통해 활성화된다는 것이다. 이것을 통해 본회퍼에게는 말씀, 그리스도, 성령 그리고 교회가 긴밀하게 연결되어 있음을 본다. 본회퍼는 그리스도 자신이 곧 교회라고 말하면서 또한 동시에 말씀은 그리스도의 말씀자체가 된다고 주장한다. 더 나아가 이것을 말씀과 공동체의 관계를 보는 시각 안에서 다음과 같이 서술하며 연결 짓는다.

> "그리스도는 친히 말씀 안에서 존재한다. 교회를 완성하는 그리스도는 그의 영을 통해 마음을 끌어당기며, 그리함으로써 활성화된 그리스도의 교회 안으로 마음을 받아들인다. 그러나 그리스도의 말씀이 교회로부터 나오고 오직 교회 안에서만 존재하듯이, 그리스도의 말씀 속에서는 활성화된 교회도 역시 존재한다."[23]

더 나아가 본회퍼는 말씀을 통한 성령의 일하심으로 활성화되는 교회 안에서 하나님, 그리스도와 교회의 관계성을 통해 개인주의적 교회개념을 극복하고 있다: "하나님과의 교제는 오직 그리스도를 통해서만 존재한다. 그러나 그리스도는 오직 그의 공동체 안에서만 존재한다. 따라서 오직 교회 안에서만 하나님과의 교제가 존재한다. 이러한 사실 때문에 개인주의적 교회 개념은 모두 무너진다."[24]

3) 사랑은 한계 없는 교제를 원한다.

하나님의 뜻은 본회퍼에 따르면 타인을 위해 내 자신의 의지를 내어

주라는 계명을 통해서 드러난다. 이것은 이웃을 향한 한계 없는 사랑이다. 또한 이것은 우리를 결국 교제로 인도한다. 왜냐하면 하나님의 뜻은 교제를 원하시기 때문이다. 본회퍼에 따르면 하나님의 뜻인 사랑은 단순한 이념적 구호가 아니라 하나님 자신을 죄인에게 선물로 주기 때문에, 그것으로 인해 하나님은 인간을 새롭게 하고, 새로운 공동체를 가능하게 하며 실현한다고 주장한다.[25] 이런 의미에서 "하나님의 사랑은 교제를 원한다"고 말할 수 있으며, 이런 하나님의 뜻에 순종하는 것은 타자에 헌신하는 것이 된다. 말씀 안에 하나님의 뜻이 드러나고, 그 하나님의 뜻은 타인으로 향하여, 결국 공동체를 이룬다는 것이다. 그래서 말씀 안에 드러난 하나님의 사랑은 결국 "공동체를 위한 헌신임과 동시에 교제를 향한 의지"[26]가 되는 것이다. 본회퍼는 더 나아가 "인간과 함께 하시는 하나님의 사랑의 교제의 방식에 대한 질문과 하나님의 사랑의 교제에 대한 질문"[27]은 말씀의 문제와 관련되어 있음을 분명히 한다.

4) 말씀은 모임(Versammlung)으로 부른다.

본회퍼는 제5장 '성도의 공동체' 안에서 '경험적 교회의 사회학적 형태와 역할'을 다룬다. 논의를 진행하면서 설교가 교회의 직무이며 이것을 통해 모임이 존재할 수밖에 없다는 당위성을 주장한다. 그런데 개인주의적인 사고방식이 들어오면서 모임에 대한 의미변화가 생겼다고 한다. 즉, "사실적 필연성은 심리학적 필연성"[28]과의 연계성 속에서 모임을 생각하고, 그래서 "개인에게 주어지는 이익과 필요성과 관련해 모임의 의미가 질문"[29]되었다는 것이다. 본회퍼는 이런 모임의 의미에 대한 질문이 공동체의 이념을 바르게 이해하지 못한데서 기인한다고 한다. 이런 문제점을 해결하기 위해 그는 공동체의 내적, 외적 장점들을 나열하면서 사람들을 교회로 인도해야 할 것이 아니라고 주장한다. 만약 그렇게 한다면 이는 교회가 가진 기본적인 권리를 포기하는 것이며, 그 사태 자체에도 적합하지 않다고 주장한다. 오히려 본회퍼는 "오직 공동체 이념 그 자체만이 설명의 근거가"[30] 될 수 있다고 한다. 본회퍼가 말하는 공동체 이념은 무엇인가? 그에 따르면 공동체는 말씀을 중심으로 모인다. 이 말씀은 역사적이면서 동시에 경험적인 교회 공동체, 그리고 성령과 객관적 정신을 일치시키는 기능을 가진다.[31] 왜냐하면 말씀은 교회를 창조하면서[32] 동시에 늘 모임으로 부르기 때문이다. 여기서 말하는 모임은 언제나 경험적인 교회 공동체를 가리킨다. 경험적이고 역사적인 교회 공동체 안에서 하나님의 말씀이 선포됨으로 말미암아 모임은 구체적인 형태를 취하는데 먼저는 "보이는 공동체"로, 그리고 "몸과 영혼으로 구성된 사람들의 공동체"[33]로 드러난다. 이런 의미에서 말씀은 "모든 교회의 사회학적 건립 원리"가 되며, 또한 교회가 "내연적, 외연적으로"[34] 세워지는 원리임이 자명하다. 이런 말씀의 본질 때문에 본회퍼는

"국민교회와 자유교회"의 원천으로 말씀을 생각한다.[35]

2. 『행위와 존재』에 나타난 말씀과 공동체의 관계

   본회퍼는 그의 교수자격 논문 『행위와 존재』에서 『성도의 교제』
에 담긴 논의의 흐름을 받아들이면서, 행위와 존재의 통일성으로서
교회에 대한 이해를 발전시킨다.[36] 이런 논의의 발전을 위해 그는 처
음부터 다음과 같이 질문한다. "계시 개념은 행위적으로 이해하면
어떻게 되고, 또한 존재적으로 이해하면 어떠한 형태를 가지는가?"[37]
이 질문에서 나타난 '행위와 존재'의 문제를 본회퍼는 계시 개념을
교회 개념과 연관지어 생각함으로 해결하려 시도한다. 그는 말한다.
"여기서 교회는 공동체 안에서, 공동체를 통해, 그리고 공동체를 위
해 행해지는 그리스도의 죽음과 부활에 대한 현재적 선포에 의해 형
성되는 것으로 사고된다. 선포는 현재적 선포가 되어야 한다. 왜냐
하면 오직 선포 속에서만 계시 사건이 공동체에서 일어나기 때문이
다."[38] 여기에서 분명해지는 것은 계시는 현재적 선포에 의해 형성되
는 교회 안에서만 사고되어야 한다는 것이다. 본회퍼에 의하면 예수
그리스도의 십자가와 부활의 유일회성 속에서 나타난 계시는 언제
나 "미래적인 것"이기에, "항상 현재 속에서만 일어나야"한다고 말

한다.[39] 이것은 계시의 미래성과 현재성이 본회퍼에게 그리스론적으로, 그리고 동시에 종말론적으로 어떻게 연관되어 있는지 확인할 수 있는 대목이다. 미래적이기 때문에 교회의 선포는 현재적이고, 그렇기 때문에 계시는 교회 공동체 안에서 사고되어야 함이 마땅하다는 것이다. 왜냐하면 "교회는 현존하는 그리스도이시며, 공동체로 존재하는 그리스도"[40]이기 때문이다. 위의 논의에서 우리는 선포와 공동체의 관계성이 밀접하게 나타나 있는 것을 볼 수 있으며, 계시의 말씀은 공동체 안에서 일어나기에 그 공동체는 사회학적인 관계 구조가 필요함 또한 분명해 진다. 그래서 계시의 사건을 개인적인 시각을 보는 것과 공동체의 시각으로 바라보는 것에는 본질적인 차이가 존재할 수밖에 없다. 계속해서 본회퍼는 『성도의 교제』와 비슷하게 계시의 말씀의 이해는 개인적인 것으로 관계되지 않고, 언제나 공동체를 통해서만 가능하다고 다시 한번 강조한다. "그리스도의 인격이 공동체 속에서 계시되었기 때문에, 인간의 실존은 오직 공동체를 통해서만 만나질 수 있다."[41]

3. 『그리스도론』에 나타난 말씀과 공동체의 관계

1933년 베를린 대학에서 행한 그리스도론 강연은 당시 강의를 듣는 학생들에게 생소했다. 왜냐하면 전통적인 '그리스도론' 강의에서 볼 수 없었던 강의 목록이 제시되었기 때문이다. 전통적으로는 "현재적 그리스도"라는 항목이 대부분 그리스도론 후반부에서 다뤄지는 반면 본회퍼는, 그의『그리스도론』강의 초반에서 이를 다루며 출발하고 있다.[42] 이것은 본회퍼의 특별한 강조점이다. 실제적으로 본회퍼의 신학적인 모든 진술은 '그리스도가 교회의 현재적 주님이시다'라는 사실을 빼놓고는 생각할 수 없을 정도다.

본회퍼는 교회에 현재적으로 함께 하시는 그리스도의 모습을 다루는 가운데 '말씀으로서의 그리스도' 항목에서 '말씀과 공동체의 관계'를 다룬다. 그는 논의를 진행하면서 하나님의 계시의 자유를 먼저 다룬다. "하나님에게는 다른 방식으로 자신을 계시할 자유가 있다. 그러나 하나님은 말씀 안에서 자신을 계시하기 원하신다. 하나님은 오직 이 말씀 안에서만 인간에게 말씀할 수 있다."[43] 하나님은 그의 자유 안에서 말씀에 스스로 묶임을 허락하신다고 말할 수 있는 것이다. 이렇게 하나님의 자유 안에서 우리에게 하시는 말씀은 관념의 형태로 존재하는 인간의 말과 다르게 말을 걸어옴의 형태로 다가온다고 본회퍼는 말한다. 그리고 이렇게 말을 걸어옴의 형태는 "말을 걸어옴과 응답, 책임 사이의 말씀으로서만 가능하다."[44] 이런 말씀의 말 걸어옴의 성격은 당연히 그동안 본회퍼 저작에서 볼 수 있었던 것처럼 무시간적이 아니라 역사 속에서 일어나는 사건이 된다.

그리고 이런 말 걸어옴의 역사성은 공동체를 열망하는 것으로 드러난다.[45] 더 정확히 말하면 말씀의 "언어 행위를 통해 교회 공동체의 형태"[46]를 창조하는 열망이다. 말의 걸어옴이 있다는 것은 듣는 사람이 있다는 것이고, 그리고 역사성 안에서 말 걸어옴에 응답함으로 그 응답을 받는 사람들이 있다는 것은 공동체 안에서 이 모든 논의가 진행되어야 함을 다시 한번 우리에게 상기시켜준다. 더 나아가 본회퍼는 "하나님의 말씀으로서의 말씀은 교회 공동체"라고 한다. 왜냐하면 말씀은 "시간과 공간적 실존"을 갖기 때문이다. 또한 하나님의 말씀이 "하나님의 계시인 한, 교회 공동체는 하나님의 말씀"이다. 어떻게 이렇게 말할 수 있는가? 그것은 "계시는 계시의 근거 위에서만 이해"될 수 있다는 명제 때문이다.[47] 그러기에 교회 공동체가 하나님의 말씀을 이해 할 수 있는 것은 교회 공동체 그 자체가 하나님의 말씀이기 때문이다.

4. 『나를 따르라』에 나타난 말씀과 공동체의 관계

본회퍼는 1933년부터 히틀러의 국가사회주의에 의해 진행된 교회와 국가의 동일시화(Gleichschaltung) 즉 독일 민족과 교회를 히틀러화(나치화)하려는 목적에 대한 반대와 함께 전개되었던 교회 투쟁이라는 역사적인 배경 가운데[48] 1937년 핑켄발테에서『나를 따르라』를 저술한다. 특히 이 때 독일 교회는 후기 루터주의가 루터의 칭의 교리를 바르게 사용하지 않음으로 인해 – 여기서 자세하게 설명하지 못하지만 – 간접적으로 히틀러의 국가사회주의를 도우면서, 교회가 교회로서의 정체성을 갖지 못하고 교회의 세상화로 변질되어 가는[49] 신학적 위기상황에 직면하고 말았다. 이러한 두 가지 배경 속에서『나를 따르라』가 나온 것이다.

『나를 따르라』는 일반적으로 두 부분으로 나눈다. 전반부는 십자가 앞에서 그리스도와 함께하는, 그리고 그리스도를 따르는 제자들의 삶을 말한다면, 후반부는 부활이후에 그리스도와 함께 하는 제자공동체의 삶을 다룬다.[50] 본회퍼는 "말씀과 공동체의 관계"에 대해서 전반부에서는 산발적으로 다루지만 후반부에서 직접적으로 언급한다. 그래서 주제에 대해 직접적으로 언급한 후반부에 집중하고자 한다.

본회퍼는 하나님께서 원초적으로 세운 관계가 인간의 불순종으로 인해 파괴되고, 그것으로 인해 발생한 완전한 고립 상황에서 예수께서 인간들을 말씀의 부르심 안에서, 사람들을 자신과 묶으심으로, 새로운 공동체를 만드셨다고 한다. 이 공동체에서는 사람과 사람사이에 어떤 직접성도 없다. 이런 직접성은 "기만"이요, "그리스도를 미워"하는 것이라고 말한다. 이 공동체에서는 모든 것이 오직 "그분을 통해서만" 일어나야 함을 분명히 한다.[51] 그의 말을 들어보자.

"예수 이래 제자들은 그 어떤 자연적, 역사적, 경험적 직접성도 가질 수 없었다. 인식하든 못하든, 아들과 아버지 사이에, 남자와 여자 사이에, 개인과 민족 사이에 중보자 그리스도가 계신다. 그리스도를 통하지 않고는, 그분의 말씀을 통하지 않고는, 그리고 그분을 따르지 않고는 우리가 다른 사람들에게 도달할 수 있는 길은 존재하지 않는다. 직접성은 곧 기만이다."[52]

이렇게 예수 그리스도 안에서 드러난 하나님의 현실성은 『그리스도론』 강의에서 밝힌 것처럼 인간의 어떤 관념의 언어들이 추구하는 것과는 다르게 "인간이 되신 하나님의 아들은 단지 귀나 심장만이 아니라 자신을 따르는 육체적인 인간을 필요로 하신다"[53]고 본회퍼는 말한다. 그래서 예수님 자신과 묶여있는 몸은 세상 앞에서 교회의 형태로 보여 질 수밖에 없다. 그럼 어떻게 세상 속에서 몸이 보여질 수 있는가? 이에 대해 본회퍼는 말씀이 가진 운동성과 자발성을 가지고 설명한다. 그에 따르면 "말씀은 인간을 얻기 위해 길을 나선다"[54]고 한다. 인간을 얻기 위해 길을 나서는 말씀은 인간을 받아들일 수 있는 능력 있는 말씀이다. 이 말씀은 또한 교회를 향해 움직인다. 그의 말을 들어보자: "하나님의 말씀은 교회를 용납하기 위해 교회를 찾는다. 그것은 본질적으로 교회 안에 있다. 그것은 자발적으로 교회 안으로 들어간다. 그것은 교회를 향해 움직이는 운동성을 지닌다."[55] 그런데 이 시점에서 본회퍼는 사람들이 오해할 수 있는 부분을 지적한다. 사람들은 "하나의 말씀, 하나의 진리가 있고, 다른 한편으로는 하나의 교회가 있어서, 설교자가 이 말씀을 교회 안으로 가지고 들어가려고, 이 말씀을 교회에 적용하려고, 이 말씀을 취하고 다루고 움직이는 것"[56]이라고 생각한다는 것이다. 그런데 본회퍼는 그것이 아니라고 분명히 언급한 후에, 말씀의 자유로운 자발성을 강조한다. "말씀은 철저히 자발적으로 이 길을 간다. 설교자가 해야 하고 또 할 수 있는 일은 오직 말씀의 이런 독자적인 운동을 돕는 것이고, 말씀을 방해하지 않는 것이다."[57] 이처럼 본회퍼의 이해에 따르면 말씀은 공동체를 향하여 나아간다. 이것은 말씀이 가진 자유롭고 역동적인 운동성 때문이다. 말씀이 가진 이 역동성을 성령께서 사용하시어 말씀을 듣는 사람들 안에 믿음을 일으킨다. 그 결과로 말씀의 역동성 안에서 "예수 그리스도가 자신의 몸의 능력으로 우리 한 가운데"[58]로 친히 들어오신다. 계속해서 그리스도 자신의 몸은 "선포의 공간과 함께 교회 질서의 공간도"[59] 요구한다. 그리고 더 나아가 "교회는 단지 예배와 질서만이 아니라 그 지체들의 일상생활을 위해서도 세상의 공간을 요구한다."[60] 이런 공간들을 요구하는 것은 주지하다시피 말씀의 자발적인 운동성 때문이라고 할 수 있다. 말씀은 교회 공간을 넘어 일상으로 공간을 확장시키고 있는 것이다.

5.『신도의 공동생활』에 나타난 말씀과 공동체의 관계

본회퍼는 핑켄발데에서 1935년 4월 26일부터 고백교회의 설교세미나 과정을 맡아 담당했다. 여기에는 훗날 고백교회 목회자가 될 후보생들이 참여하였다. 본회퍼는 이곳에서 이들을 교육하면서 고백교회와 독일교회가 나아갈 방향들을 고민하고, 또한 그것을 실천하려고 시도 했다. 1937년 9월 26일 독일경찰들에 의해 핑켄발데 설교세미나와 형제의 집이 해산당한 이후 본회퍼는 1938년 그런 실천과 훈련에 대한 내용과 경험을 바탕으로『신도의 공동생활』을 저술한다.

본회퍼가 1935년 1월 14일에 칼 프리드리히(Karl Friedrich)에게 쓴 글에서 "교회의 부흥은 확실하게 새로운 수도원의 방법으로부터 온다. 그 새로운 수도원 운동의 방법은 주님을 따르는 제자도 안에서 산상수훈에 따라 살아가는 것을 말한다. 이것을 위해 사람들이 모여야 한다"[61]고 주장한다. 이런 주장을 실천하기 위해 그는 고백교회 목회자 후보들과 함께 공동생활을 통해 새로운 수도원 운동을 실현해 보려고 했다. 이런 방법 중에는 그의 책 목차처럼 "공동체", "함께 있는 날", "홀로 있는 날", "섬김", "고해"와 "성만찬" 등이 있다. 이런 내용은 말씀에 대한 이해와 묵상과[62] 직접적, 간접적 연관을 갖고 있기에 본회퍼에게 중요한 것이다. 중요할 뿐만 아니라 말씀의 이해가 이런 훈련을 가능하게 했을 것이다. 특히 다섯장으로 구성된『신도의 공동생활』은 각 장을 시작할 때 성경구절로 시작하고, 마무리 할 때도 '말씀아래서의 공동생활'을 강조하며 마무리 한다. 이미 책의 구성 안에서도 말씀과 공동체의 관계를 제시하고 있는 것이다.[63]

본회퍼는 그리스도인이 "우리 밖에서" 그리고 우리에게 "건네지는 말씀"을 통해서만 살아갈 수 있다고 주장한다.[64] 그런데 이 말씀은 일차적으로 말씀을 듣는 사람을 사로잡은 후에, 말씀에 사로잡힌 사람을 통해 다른 사람들에게 계속 전해지도록 하는 특성을 가지고 있다. 그래서 본회퍼는 우리 인간의 외부에서 인간 내부로 들어와 다시 외부로 나아가려는 말씀의 특성 때문에 그리스도인들은 "하나님의 말씀을 들려주는 다른 그리스도인을 필요로 한다"[65]고 말한다. 말씀에게 다른 그리스도인이 필요하다는 것은 그것이 갖는 공동체적 특성이요, 그것이 그 말씀 안에 본질적으로 드러나 있다는 것이다. 말하자면 말씀을 서로 나누면 나눌수록 우리는 더 공동체적으로 나아갈 수밖에 없다는 것이다. 이것에 대해 본회퍼는 더 상세하게 설명을 이어간다.

"그는 하나님의 구원의 말씀을 전해 주는 형제를 필요로 한다. 그는 예수 그리스도 때문에 형제를 필요로 한다. 자기 마음속에 계시는 그리스도는 형제의 말씀 안에 계시는 그리스도보다 약하다. 자기 마음속에 계시는 그리스도는 불확실하지만, 형제의

말씀 안에 계시는 그리스도는 확실하다. 이로써 모든 그리스도
인 공동체의 목적이 드러난다. 즉 그들은 구원의 소식을 전하는
자로서 서로 만난다."[66]

여기서 특별히 구원의 소식을 전하는 자로서 서로 만난다는 것은
말씀만이 다른 사람에게 나아갈 수 있다는 의미일 것이다. 그리고 본
회퍼가 직접 말한 "그리스도인은 오직 예수 그리스도를 통해서만 다
른 사람에게 나아갈 수 있다"[67]는 말과 일맥상통한다. 이런 점에서
본회퍼는 말씀 안에서만 사귐이 가능하고 교회 공동체가 가능하다
는 것을 분명히 한다. 그런 후에 그는 그의 책에서 구체적인 실천방
안을 제시하며 논의를 계속하고 있다. 말씀을 서로 읽고 나누는 것
을 통해 계속되는 사귐의 공동체가 가능하다면 교회 안에서 말씀을
함께 읽을 수 있는 공동의 시간들이 필요하다는 것이다.[68] 그는 그것
을 "공동 기도회"라고 표현한다.[69]

이런 공동기도회는 본회퍼에 의하면 "홀로 있음"과 분리됨 없이
연관성을 가져야 함이 강조된다. "공동체 안에 있을 때에만 우리는
홀로 있을 수 있고, 또한 홀로 있을 수 있는 사람만이 공동체 안에 있
을 수 있다."[70] 여기서 홀로 있다는 것은 말씀 앞에서 침묵하는 것과
같다. 그러기에 침묵은 단순한 말하지 않음이 아니라 홀로 있는 자
가 "말씀에 매인 침묵"[71]이 되는 것이다. 이렇게 홀로 있음을 통해 하

나님 말씀 앞에 서 있는 사람만이 공동체를 세우고 새롭게 할 수 있는 것이다. 왜냐하면 "공동체를 세우고 결속시키는 말씀에는 침묵이 동반"[72]되기 때문이다. 그래서 말씀 앞에 함께 있음과 홀로 있음은 분리됨 없이 동시에 강조되어야 하는 것이다. 이는 공동체를 날마다 새롭게 하는 길이기 때문이다.

6. 『윤리학』에 나타난 말씀과 공동체의 관계

본회퍼는 『윤리학』을 1939/40년부터 그가 감옥에 들어가기 전인 1943년 4월 5일까지 기록하였다. 한 권의 책으로 기획하였지만 그것이 이루어지지 않고 모두 단편들로 구성되어 있다. 본회퍼가 죽은 후 그의 친구 베트게가 이 단편들을 모아 1949년에 처음 책으로 출판했다.[73]

본회퍼는 이 책에서 하나님의 현실과 세상의 현실에 대한 전통적인 이원론적 주장에 대해 "두 개의 영역이 존재하는 것이 아니라, 오직 하나님의 현실과 세상의 현실이 서로 하나가 되어 그리스도의 현실의 한 영역만이 존재할 따름이라"[74]고 말한다. 이런 이해는 "교회와 공동체의 관계"를 이해하는데 중요하다. 왜냐하면 이제부터는 교회와 공동체의 관계를 하나 된 현실성 속에서 살펴봐야 한다는 것을 의미하기 때문이다. 논의 주제에 중요한 하나님의 한 현실성에 대해 본회퍼는 더 상세하게 다음과 같이 설명한다.

> "그리스도 안에서 하나님의 현실이 세상의 현실로 들어왔듯이,
> 그리스도교적인 것은 오직 세상적인 것 안에, 초자연적인 것은
> 오직 자연적인 것 안에, 거룩한 것은 오직 범속한 것 안에, 계시
> 적인 것은 오직 이성적인 것 안에 존재한다." (『윤리학』, 53)

여기서 하나님의 현실이 세상의 현실로 들어오는 과정, 즉 세상의 현실과 관계를 맺는 것은 인간의 정신 구조 안에서 진행되는 관념론적인 것이 아니라, 본회퍼의『나를 따르라』에 나타난 말씀 이해에서 볼 수 있듯이 하나의 역동적인 운동임이 분명하다.[75] 본회퍼는 이런 예수 그리스도 안에서 드러난 하나님의 현실이 세상가운데로 역동적으로 들어오는 것에 대해 인간은 전인격적으로 반응해야 한다고 강조한다. 그는 이것을 "책임"[76]이라고 부른다. 더 나아가 예수 그리스도 안에 드러난 하나님의 현실성에 대해 응답하는 우리의 책임적인 삶은 부분적인 응답이 아니라 "삶 전체를 포괄"[77]하는 것이 되어야 함을 강조한다. 그것은 더 구체적으로 "인간과 하나님을 위한 삶의 묶임(의무)를 통해 결정되고, 다른 한편으로는 자신의 삶의 자유를 통해 결정"[78]된다고 본회퍼는 주장한다. 책임적인 삶의 구조는 묶

임과 자유를 통해 우리 삶의 전체를 포괄한다는 뜻일 것이다.

그리고 본회퍼는 하나님의 한 현실 속에서 하나님의 현실과 세상의 현실이 맺는 관계성을 다른 각도에서 논의를 계속한다. 그에 따르면 "세상이 그리스도와 맺는 관계는 세상 안에 있는 분명한 하나님의 위임 속에 구체화" 된다는 것이다. 본회퍼는 네 가지 위임을 말하는데 "노동, 혼인, 정부, 교회"[79]다. 여기서 말하는 위임은 분명하게 "그리스도의 계시에 근거한, 그리고 성서를 통해 증언된 하나님의 구체적인 임무[80]를 가리킨다. 그래서 위임의 개념은 하나님의 계명과 밀접한 관계성을 가진다. 이것 때문에 본회퍼가 위임 안에서 다룬 영역이 하나님의 계명 안에서도 동일하게 주어지는 것이다. "예수 그리스도 안에서 계시된 하나님의 계명은 교회 안에서, 가정 안에서, 노동 안에서, 정부 안에서 우리에게 주어진다."[81] 또한 본회퍼는 "하나님의 위임은 교회 안에서, 혼인 안에서, 가족 안에서, 문화 안에서, 그리고 정부 안에서 발견될 수 있다."[82]고 말한다. 어떻게 이런 관계성을 가질 수 있는가? 이에 대해 본회퍼는 다음과 같이 설명한다. 하나님의 말씀(계명)은 오직 그것이 자유롭게 "자신을 드러낼 때에만 발견될 수 있다"는 것이다. 하나님의 말씀의 자유성이 다시한번 강조되면서 동시에 하나님의 말씀이 발견될 수 있는 장소가 예수 그리스도 안에서 계시된 하나님의 계명과 관련된 곳이어야 하며, 바로 그곳이 본회퍼가 볼 때 하나님의 위임이 존재하는 곳이라고 하는 것이다.[83] 이렇게 하나님의 말씀이 발견되어지는 네 가지 위임들의 관계는 서로 공존하는 관계, 의존하는 관계 그리고 대립하는 관계 속에 있다.[84]

각 위임들이 각 위치에서 하나님의 계명을 드러내지만, 본회퍼는 그 중에서도 교회가 가진 위임은 하나님의 말씀(계명)이라고 주장한다. 그러나 본회퍼는 교회 안에 있는 하나님의 계명은 "두 가지 계명을 가지고 있지 않다고 한다. 다시 말하면 교회는 한편으로는 세상을 위한 계명을 가지고 있고, 다른 한편으로는 교회를 위한 계명을 가지고 있는 것"이 아니라고 말하고, "교회 계명은 예수 그리스도 안에서 계시된 하나님의 유일한 계명이다. 바로 이 계명을 교회는 온 세상에 선포한다"[85]고 말한다. 그래서 교회에 위임된 임무는 그리스도 안에서 드러난 하나님의 계시를 선포하는 것이다. 그러나 "예수 그리스도가 개별 인간을 부르실 뿐만 아니라, 이와 동시에 인간의 모든 본성을 포함하신다는 것은 그분의 이름의 신비다. 예수 그리스도 안에서 하나님은 인류를 몸으로 취하셨다. 예수 그리스도는 언제나 오직 그런 분으로만 증언되고 선포될 수 있다. 예수 그리스도 안에서 새로운 인류, 곧 하나님의 교회가 존재한다."[86] 이런 점에서 본회퍼는 결론적으로 다음과 같이 말한다. "예수 그리스도 안에서 하나님의 말씀과 하나님의 교회는 풀 수 없도록 서로 결합된다. 하나님의 말씀과 하나님의 교회는 예수 그리스도를 통해 분리될 수 없도록 결합한다. 하나님의 위임에 따라서 예수 그리스도가 선포되는 곳에는 교회도 항상 존재한다."[87] 마지막 구절에서 분명하게 언급하는 것처럼 예수 그리스도가 선포되는 곳에는 교회가 늘 존재하기에 본회퍼가 "교회가 세상에서 하나님의 길의 목표다"[88]라는 말이 분명하게 이해가 된다.

7.『저항과 복종』에 나타난 말씀과 공동체의 관계

1943년 4월 5일 체포된 본회퍼는 1945년 2월 7일까지 베를린 테겔 형무소와 프린츠 알브레히트(Prinz-Albrecht)의 지하 감옥에서 약 2년 동안 가족, 부모, 친구 베트게와 서신을 교환한다. 이 서신들을 묶어서 1951년 9월에 출판한 책이『저항과 복종』이다.[89] 우리의 논의를 진행하는데 이 책이 어려움을 주는 것은 사실이다. 저작이 어떤 완성된 한편의 단편이나 논문이 아니라 서로 주고받은 편지들로 구성되어 있기 때문이다. 그러나 이런 어려움에도 본회퍼의 편지들 속에서 드러낸 그의 생각들을 추적하며 논의를 진행하겠다.

본회퍼는 이 저술에서 우리가 지금 논의하고 있는 주제를 성서 해석의 문제와 관련시키고 있다. 우선 그는 성서를 "종교적으로 해석한다는 것이 무엇을 말하는가?"라고 질문하며 시작한다. 이 질문에 대해 그는 그것이 "형이상학적으로" 말하는 것이며 동시에 "개인주의적으로" 말하는 것이라고 답을 한다.[90] 그러나 이런 종교적 해석이 오늘을 살아가는 현대인들에게 신학이 갖는 적합성을 주지 못할 뿐만 아니라, 본회퍼의 표현대로 하면 "이미 사라져 버린 구시대의 유물"이라고 비판한다.[91] 오히려 본회퍼는 성서의 말씀을 세상적으로 해석하기를 주장한다. 이는 예수 그리스도 안에서 드러난 하나님의 계시는 "피안의 세계"를 위해 있는 것이 아니라 "이 세상을 위해서" 존재하기 때문이다.[92] 그럼 본회퍼가 말하는 그리스도의 말씀을 세상적으로 해석하는 것이 무엇일까? 이를 위해 먼저 세상적으로 해석한다는 것이 무엇인지 해명되어야 한다. 세상적으로 해석한다는 것은 세상 한 가운데 서서 성서를 해석한다는 뜻일 것이다. 세상 한 가운데에는 하나님을 잃어버린 사람들, 즉 하나님이 없이 살아가는 "성인된 세상"사람들이 있다. 이런 "성인된 사람(세상)"들에게 성서의 메시지를 해석해야 한다는 것이다. 구체적으로 본회퍼는 다음과 같이 말한다. "하나님을 '비종교적으로' 말하려는 사람은 세계의 무신성을 어떻게든 숨기려 들지 말고, 오히려 바로 밝히고, 그리고 오직 그렇게 함으로써 놀라운 빛이 세상을 비추게 하는 방식으로 하나님에 대해 말해야 하네. 성숙한 세계는 더욱 무신성이 강하지. 그러나 바로 그렇기 때문에 성숙하지 못한 세계보다 하나님께 더 가깝지."[93] 여기서 본회퍼가 말하고 있는 하나님은 "응급처지자가 아니며, 우리의 가능성의 한계가 아니라 삶의 한가운데서 인식"되어야 하는 분이다.[94] 그러니까 세상은 하나님이 없이 살아가는데, 하나님은 그런 세상 한가운데에 계신다는 것이다. 이것 때문에 본회퍼는 "하나님이 없이 하나님 앞에서 살아가야 하는 것"[95]을 말한다. 하나님은 그의 따르면 성인된 세상 속에서 자신을 십자가로 추방하시면서 "세상에서 무력하고 약하며, 오직 그렇기 때문에 그는 우리와 함께 계시고 우리를 돕는다"고 말한다.[96] 그래서 인간은 세상에서 말씀을 실천하며 살아가는 방식은 바로 하나님께서 세상 가운데서 취하신 방법이라고 말한다. 다시 말하면 "그리스도를 통해서 하나님의 고난에 동참하는 것"[97]이 하나님의 말씀을 세상적으로 해석하고 실천한다는 의미일 것이다. 여기서 "그리스도를 통해서 하나님의 고난"이라는 부분에 주목해야 한다. 본회퍼가 "연구를 위한 기획"[98]에서 세상성과 하나님을 다루면서 하나님은 누구인가?라는 질문에 대해 오직 "예수 그리스도와의 만남"이라고 답한다. 그럼 예수는 누구인가? 본회퍼는 예수를 가리켜 "타자를 위한 현존재"라고 한다. 그러므로 그리스도를 통해서 하나님의 고난에 동참하는 것이 성경을 세상적으로 해석하는 것이라고 한다면 그것은 구체적으로 "타인을 위한 현존재"가 되는 것이라고 결론내릴 수 있다. 결론적으로 그는 세상적으로 성서를 해석하는 것과 교회를 연결시킨다. 교회는 세상 한가운데서 "모든 직업에 종사하는 사람들에게 그리스도와 더불어 사는 삶이 어떤 것이며, 또 '타자를 위한 존재'가 무엇을 의미하는지를" "개념이 아니라 모범을 통해서"[99] 알려주어야 한다고 주장한다. 그래서 본회퍼는 "교회는 타자를 위해서 현존할 때 교회가 된다"[100] 라고 주장하는 것이다.

III. 결론

본회퍼에게 "말씀과 공동체의 관계"는 주요 저작들 속에 중요한 신학적인 논제로 자리 잡고 있으며, 또한 긴밀한 연결점을 가지고 있음이 드러났다.[101] 주요 저작들 속에 나타난 "말씀과 공동체"의 관계의 공통적인 관점은 말씀이 본질적으로 공동체성, 공간 그리고 사회성을 요구하고, 공동체는 말씀 안에서 드러나며, 말씀은 공동체 안에서 온전한 의미를 갖게되는 본질적인 상호 관계성을 가지고 있다는 것이다. 그러나 본회퍼의 신학이 갖는 "일관된 연속성과 연속적인 발전"[102]의 성격처럼 "말씀과 공동체"의 관계도 그가 처한 역사적 상황과 신학적인 도전 앞에서 책임적으로 응답하였던 발전적 모습를 보여주고 있다. 『성도의 교제』와 『행위와 존재』에서는 "말씀과 공동체"의 관계를 "공동체로 존재하는 그리스도"라는 계시 형태로 해석하되, 특히 사회적이고, 통합적인 관점에서 서술하는데 집중했다면, 『그리스도론』, 『나를 따르라』 그리고 『신도의 공동생활』를 통해서는 "말씀과 공동체"의 관계가 이전 저작에 이미 내포되어 있었던 역사성의 개념을 더 강조하고, 세상 앞에서 공동체의 공간이라는 개념을 더 부각하여 관계를 논의하였음을 볼 수 있다. 더 나아가 『윤리학』과 『저항과 복종』 안에서는 이런 역사성의 개념이 더 확장되어 포괄적인 삶의 시각 안에서 논의 되었음이 드러났다. 이것을 구체적으로 요약하면 다음과 같다.

본회퍼는 하나님의 행동이라는 말씀 이해를 통해 말씀과 공동체의 관계를 역사적으로 정의한다. 또한 말씀이 갖는 사회성을 언급함으로 하나님과의 교제가 오직 교회와 공동체 안에서만 가능함을 천명한다. 이를 통해 말씀, 그리스도, 성령 그리고 공동체가 긴밀한 연관성을 가지고 있음을 드러낸다. 또한 말씀이 우리를 모임으로 부르신다는 생각을 통해 말씀이 갖는 창조성과 말씀이 모임으로 부르시는 교회의 사회학적 건립 원리임을 제시한다.

또한 계시 개념과 같이 말씀이 갖는 사회학적 구조를 확인하고, 이를 통하여 말씀 이해는 개인적인 관점 보다는 언제나 공동체적인 관점을 통해서만 가능함을 보여준다. 본회퍼에게 말씀은 자유성과 스스로 묶임이라는 관계성 속에 있으며, 이 말씀의 말 걸어옴은 역사적인 공동체를 열망한다고 한다. 이런 말 걸어옴은 말씀이 갖는 자유로운 역동성으로 드러나는 데, 그것은 공간을 요구한다. 그런데 그 공간은 교회를 넘어 일상의 공간으로 확장되는 것을 본다. 우리가 또한 이 말씀을 나누면 나눌수록 공동체적으로 나아갈 수밖에 없다는 것도 확인했다. 본회퍼는 나누는 방법이 '홀로 있음'과 '함께 있음'의 역동적인 관계성 속에서 있어야 한다고 말한다.

하나님의 한 현실성 안에서 하나님의 말씀과 하나님의 교회가 밀접하게 연관되어 있음을 예수 그리스도가 선포되는 곳에는 언제나 교회가 존재한다는 것과 또한 위임 사상을 통해 전개하고 있다. 이를 통해 교회는 하나님께서 이 세상 가운데서 가시는 목표가 된다고 본회퍼는 언급한다. 이 세상 가운데서 하나님께서는 '타자를 위해 존재하는 존재'가 되시기에 그분을 믿고 그분을 따르는 사람들은 삶의 한 가운데에서 타자를 위해 살아가야 한다는 것을 강조한다. 이것은 교회가 이 세상에서 타자를 위해 존재할 때만 진정한 교회가 된다는 것을 다시 확인하는 것이다. 이것이 본회퍼에 따르면 하나님의 말씀을 세상 한 가운데서 해석하는 방법이요. 말씀에 전체 삶으로 응답하는 '책임적인 삶'이 될 것이다.

이제 본회퍼의 "말씀과 공동체의 관계"가 한국 교회에 던지는 의미가 무엇인지를 살펴볼 차례다. 이 논문은 구체적인 실천적 방법을 제시하기 보다는 광의적인 관점에서 방향성만을 제시하려고 한다.

첫째, 2013년 한국기독교목회자협의회에서 "한국인의 종교생활과 의식조사"를 위한 설문을 실시하여 『한국기독교 분석리포트』[103]

라는 책을 출간했다. 그 분석 리포트에 의하면 한국교회 성도들은 1주일 동안 성경을 몇 시간 정도 읽고 있느냐에 대한 질문에 대략 60%정도가 48.3분 정도 읽는다고 답했다. 많은 성도가 성경을 읽고 있는 것이다. 다른 종교인들에 비해서 기독교인들은 성경(경전)을 더 읽었다.[104] 이것을 보면 한국 교회 성도들은 성경을 사랑하고 많은 시간을 할애하여 성경을 읽는다는 것을 알 수 있다. 그러나 다른 종교인들에 비해 성경을 많이 읽는 한국교회가 지속적으로 개인주의화된 신앙형태가 확산되고 있다는 것은 좀 아이러니하다. 본회퍼에 의하면 말씀은 우리를 공동체로 부르고, 아니 말씀을 읽고 나누면 나눌수록 공동체적으로 변해져야 한다고 주장하는데 한국교회는 성경은 사랑하지만 오히려 개인주의화된다는 것은 이상한 현상이다. 이런 점에서 한국교회는 본회퍼가 주장하는 "말씀과 공동체"의 관계 이해에 대해 다시 한번 경청해야할 필요가 있다.

둘째, 한국교회는 성경을 읽는 것에만 많은 시간을 투자하는 것이 아니라 성경을 묵상하는 일에도 깊은 헌신을 가지고 있다. 본회퍼 입장에서 성경을 묵상하는 것은 단순히 개인적인 차원에만 머물러 있는 것이 아니라 개인을 넘어 사회적인 차원까지 나아가는 것임을 우리는 확인했다.[105] 그러나 묵상이 갖는 위험 중 하나는 성경 말씀이 자기 자신에게 주관적으로 체험되어지고 다가오는 것에만 집중할 우려가 있다는 것이다. 성경 전체가 말씀하시는 것에 객관적으로 주목하기보다 나에게 무엇을 말씀하시는가를 질문하고, 물론 자기 자신에게 적절하게 적용하는 것이 나쁜 것은 아니지만 다른 것은 배제하고 나에게 경험되어지는 말씀만 받아들이는 과정은 분명 성경 묵상의 개인주의화 현상이라 지적될 수 있을 것이다. 이러한 현실이 개인의 영성에 대한 부분은 강조하지만 타자를 향해 나아가는 그런 모습이 우리에게 부족하지 않는가 하는 판단을 하게 된다. 그래서 이를 방지하기 위해 본회퍼가 '공동기도회'를 통해 성경을 '홀로 있음'과 '함께 있음'의 적절한 관계적 조화 속에서 읽는 것처럼, 그리고 타자를 위해 존재하는 교회가 되기를 원하는 말씀의 자유로운 운동성에 집중한 것처럼, 한국교회도 이러한 방식을 통해 다시 한번 말씀의 공동체성과 사회성을 재확인해야 할 것이다. 아니 말씀이 자유롭게 움직이도록 오히려 말씀을 개인주의화된 모습에서 해방해야 하지 않을까 한다.[106]

마지막으로, 성경에 대한 교회적인 읽기가 필요하다. 위에서 이미 언급한 것처럼 오늘날 한국교회에 필요한 것은 성경을 교회에서 함께 읽는 것이다. 성경을 사랑하고 개인적으로 많은 시간을 투자하여 읽지만 정작 공동체가 함께 성경을 읽는 것은 주일 설교 시간에 이루어지는 성경봉독시간 뿐이다. 그러기에 성경을 읽는 과정을 통해 공동체적 경험을 할 수 있는 시간과 상황은 턱 없이 부족하다. 개인적으로 묵상하고 읽는 시간은 많지만 함께 읽는 시간이 적기에 한국

교회는 구조적으로 개인주의화된 신앙의 형태를 만들고 있는지도 모른다. 그러기에 앞으로 한국교회에서 성경을 교회적으로 함께 읽을 수 있는 방법들이 고찰되어야 함은 필수적인 요건이라고 본다. 이를 위해 본회퍼의 "말씀과 공동체"의 관계 이해는 의미가 있다고 본다.

註

1) 이 글은 강안일, "'말씀과 공동체'의 관계-디트리히 본회퍼의 저작을 중심으로", 『신학과 선교』 48(2016), 9-47 을 수정한 것이다.

2) Dietrich Bonhoeffer, Dietrich Bonhoeffer Werke, hg. v. E. Bethge, E. Feil, Chr. Gremmels, W. Huber, H. Pfeifer, A. Schönherr, H. E. Tödt, I. Tödt, München 1986-1991(Gütersloh: Gütersloher Verlagshaus, 1992-1999). 이후부터는 본회퍼의 전집의 표시를 'DBW'로 사용한다. DBW 11, "Das Wesen der Kriche", 258.

3) 필자는 "개인주의화"를 각 개인이 가지고 있는 고유하고 존엄한 가치를 존중하고 우선시 한다는 의미의 "개인주의"가 아니라, 오히려 "개인주의"를 너무 강조하여, 아니 지나치게 강조하여 '공동의 질서'와 '공공의 선'을 도외시 하는 모습으로 나타나는 부정적인 의미에서 사용하였다.

4) David J. Wells, No Place for Truth, 김재영 역, 『신학 실종』 (서울 : 부흥과 개혁사, 2006).

5) 앞의 책, 233.

6) 앞의 책, 274.

7) Wolfgang Huber, Kirche in der Zeitenwende(Gütersloh : Gütersloher Verlag-Haus, 1999), 41-96.

8) 차성수, "정체성의 정치 : 개인주의화와 시민사회의 재구조화", 『사회과학논집』 21(부산: 동아대학교 부설 사회과학연구소, 2002), 99. 저자에 따르면 "한국사회에서 진행되는 개인주의화 과정은 크게 두 가지 상이한 단계의 동시적 출현이라고 볼 수 있다. 근대화, 민주화와 함께 진행되는 개인주의화가 한 축이라면 세계화 정보화와 함께 진행되는 개인주의화는 또 다른 축이라고 할 수 있다."

9) 말씀의 신학에 대해 다음의 책을 참고하라. Ulrich H.J. Körtner, Theologie des Wortes Gottes(Göttingen: Vandenhoeck&Ruprecht, 2001).

10) 본회퍼의 삶, 신앙과 신학에 대한 안내로서는 Eberhard Bethge, Dietrich Bonhoeffer, 김순현 역, 『디트리히 본회퍼』 (서울: 복있는 사람, 2014)를 참조하라. 또한 고재길, 『본회퍼, 한국교회에 말하다』(서울: 케노시스, 2012); Eric Metaxas, Bonhoeffer, 김순

현 역『디트리히 본회퍼』(서울: 포이에마, 2011); Dramm Sabine, Dietrich Bonhoeffer : eine Einführung in sein Denken, 김홍진 역,『본회퍼를 만나다』(서울: 대한기독교서회, 2013); Ferdinand Schlingensiepen, Dietrich Bonhoeffer1906-1945. Eine Biographie(München: C.H.Beck, 2005).

11) Dietrich Bonhoeffer, Sanctorum Communio, 유석성, 이신건 역,『성도의 교제』(서울: 대한기독교서회, 2010), 45.

12) 앞의 책, 45.

13) 앞의 책, 47.

14) 앞의 책, 69.

15) 앞의 책, 125.

16) 앞의 책, 125.

17) Karl Barth, Die Kirchliche Dogmatik, Bd. I /1: Die Lehre vom Wort Gottes(Zürich: Zollikon, 1947), 148; 그러나 본회퍼는 바르트의 행위개념에 대해 비판적인 시각을 가지고 있다. 그는 말한다. "하나님의 존재는 오직 행위이며, 인간 속에서도 행위로서만 존재한다. 실행된 행위에 대한 모든 반성이 이미 행위 그 자체로부터 떨어져 나온 것이기 때문에 행위는 개념으로 파악할 수 없고, 체계적인 사고에 빠지지도 않는다... 시간적 범주를 사용하고 있지만 그의 행위 개념은 시간적으로 사고 될 수 있는 것이 아니다. 바르트가 그럼에도 불구하고 거듭 처음과 더불어 시작하는 행위에 초점을 둔다면 그것은 초월적 행위 개념을 역사적으로 사용하려는 의도를 드러내는 것이라 할 수 있다. 그러나 이러한 시도는 좌초되고 말 것이다. 왜냐하면 바르트 자신에 의하면, 그 어떠한 역사적 순간도 무한을 수용할 수 없기 때문이다." Dietrich Bonhoeffer, Akt und Sein, 김재진, 정지련 역,『행위와 존재』(서울: 대한기독교서회, 2010), 96-97; 이형기,『본회퍼의 신학사상』(서울: 장로회신학대학출판부, 1991), 118.

18) Dietrich Bonhoeffer,『성도의 교제』유석성, 이신건 역, 125.

19) 집단인격(Kollektivperson)의 이해와 같다. 앞의 책, 108-111, 173-185.

20) 앞의 책, 124; Michael Welker, Theologische Profile: Schleiermacher-Barth-Bonhoeffer- Moltmann(Frankfurt am Main: Hansisches Druck-und Verlagshaus GmbH, 2009), 97.

21) Dietrich Bonhoeffer, 『성도의 교제』 유석성, 이신건 역, 140.

22) 앞의 책, 143.

23) 앞의 책, 140.

24) 앞의 책, 140.

25) 앞의 책, 153.

26) 앞의 책, 153; 다음의 책을 참고하라. Joachim von Soosten, Die Sozialität der Kirche : Theologie und Theorie der Kirche in Dietrich Bonhoeffers "Sanctorum Communio"(München : Chr. Kaiser Verlag, 1992), 79-80.

27) Dietrich Bonhoeffer, 『성도의 교제』 유석성, 이신건 역, 154.

28) 앞의 책, 202.

29) 앞의 책, 202.

30) 앞의 책, 202.

31) 앞의 책, 201.

32) 종교개혁적인 이해에 따르면 교회는 말씀의 피조물(creatura verbi)이라고 한다. Wil-fried Joest, Johnnes von Lüpke, Dogmatik II : Der Weg Gottes mit dem Menschen(Göt-tingen: Vandenhoek& Ruprecht, 2012), 184.

33) 앞의 책, 204.

34) 앞의 책, 218.

35) Martin Abraham, "Wort und Sakrament" in: Klaus Grünwaldt, Christiane Tietz, Udo Hahn(hg.), Bonhoeffer und Luther. Zentrale Themen ihrer Theologie(Hannover: Amt der VELKD, 2007), 143-44.

36) Ruth Gütter, Innerste Konzentration für den Dienst nach au ß en(Frankfurt am Main: Peter Lang, 2000), 35; Christiane Tietz-Steiding, Bonhoeffers Kritik der verkrümmten Vernunft(Tübingen : J.C.B. Mohr, 1999), 255.

37) Dietrich Bonhoeffer, 『행위와 존재』, 김재진, 정지련 역, 28.

38) 앞의 책, 132-33.

39) 앞의 책, 133; 본회퍼는 미래와 현재의 관계를 그의 교수자격논문 후반부에 위치한 "그리스도 안에 있는 존재를 미래를 통해 규정하는 것, 어린이"라는 항목에서 다음과

같이 설명한다. "미래란 밖으로부터 도래하는 것을 통해 존재를 규정하는 것을 의미한다. 진정한 미래란 그리스도를 통해 비로소 존재하며, 그리스도에 의해 새롭게 창조된 이웃과 창조의 현실이 존재하게 된다."(194); 또한 이형기는 다음과 같이 평가한다. "만약에 본회퍼가 '그리스도의 십자가와 부활의 현재적 선포에 의해서 교회가 구축된다'고 만 주장한다면, 바르트가 불트만식의 케르그마를 통한 하나님의 초월적 행동 그리고 인간의 초월적 결단을 말하는 것이나 별로 다를 바가 없으나, 본회퍼는 이 선포가 '교회 공동체 안에서' 일어나며 이 '교회공동체를 위해서' 있는 것이라고 못 박음으로 우리 믿는 자들은 '교회공동체로서 실존하시는 그리스도'안에 있음을 강조한다. 본회퍼는 계시의 초월적 행동과 그 결과인 교회의 존재를 불가분리의 관계에 있는 것으로 생각한다. 그는 행동과 존재를 종합하고 있다." 이형기, 『본회퍼의 신학사상』, 129-30.

40) Dietrich Bonhoeffer, 『행위와 존재』, 김재진, 정지련 역, 133.

41) 앞의 책, 137.

42) Karsten Lehmkühler, "Christologie", in: Klaus Grünwaldt, Christiane Tietz, Udo Hahn(hg.), Bonhoeffer und Luther. Zentrale Themen ihrer Theologie(Hannover: Amt der VELKD, 2007), 55.

43) Dietrich Bonhoeffer, Christologie, 유석성 역, 『그리스도론』 (서울: 대한기독교서회, 2010), 34; 또한 참고하라. 강안일, "디트리히 본회퍼의 묵상", 『신학사상』, 165(2014), 270.

44) Dietrich Bonhoeffer, 『그리스도론』, 유석성 역, 35.

45) 앞의 책, 36.

46) 앞의 책, 45.

47) 앞의 책, 45.

48) Peter Zimmerling, Bonhoeffer als Praktischer Theologie(Göttingen: Vandenhoeck & Ruprecht, 2006), 68.

49) Reiner Strunk, Nachfolge Christi : Erinnerungen an einer evangelischen Provokation (München: Chr. Kaiser, 1981), 206.

50) Kang An Il, Von der "Nachfolge" zur "Ethik" der Verantwortung. Die Bedeutung der

ethischen Konzeptionen Dietrich Bonhoeffers für die Theologie und Kirche in Südkorea(Münster: Lit verlag, 2014), 72.

51) Dietrich Bonhoeffer, Nachfloge, 손규태, 이신건 역, 『나를 따르라』 (서울: 대한기독교서회, 2010), 102-107.

52) 앞의 책, 106.

53) 앞의 책, 285: 본회퍼는 인간의 관념과 같이, "하나의 진리, 하나의 교훈, 하나의 종교는 자신의 공간을 필요로 하지 않는다. 이것들은 몸이 없다."고 말한다.

54) Dietrich Bonhoeffer, 『나를 따르라』, 손규태, 이신건 역, 287; 이 말은 외팅거(Oettinger)에게서 본회퍼가 인용한 말이다. "몸은 하나님의 길의 종국이다." Dietrich Bonhoeffer, Schöpfung und Fall, 강성영 역, 『창조와 타락』 (서울: 대한기독교서회, 2010), 103(각주 16)참조).

55) Dietrich Bonhoeffer, 『나를 따르라』, 손규태, 이신건 역, 287.

56) 앞의 책, 287.

57) 앞의 책, 287.

58) 앞의 책, 288.

59) 앞의 책, 290.

60) 앞의 책, 292.

61) DBW 13, 273.

62) 본회퍼의 묵상에 대한 이해는 다음의 논문을 참고하라. 강안일, "디트리히 본회퍼의 묵상", 263-94.

63) Albrecht Schödl, Unsere Augen sehen nach dir. Dietrich Bonhoeffer im Kontext einer aszetischen Theologie(Leipzig: Evangelische Verlagsanstalt, 2006), 188.

64) Dietrich Bonhoeffer, Gemeinsames Leben. Das Gebetbuch der Bibel, 정지련, 손규태 역, 『신도의 공동생활. 성서의 기도서』 (서울: 대한기독교서회, 2010), 26.

65) 앞의 책, 27.

66) 앞의 책, 27.

67) 앞의 책, 27.

68) 앞의 책, 49-62 : 본회퍼는 가정 공동체 안에서나 교회 공동체 안에서 "식구들이 교

대로 계속해서 읽어 내려가는 것"(60-61)이 중요하다고 생각하며, 이것을 성서를 연속적으로 읽어가는 것 즉 "연독(lectio continua)"이라고 한다.(57) ; 또 다음의 책을 참고하라. Albrecht Schödl, Unsere Augen sehen nach dir. Dietrich Bonhoeffer im Kontext einer aszetischen Theologie, 219.

69) Dietrich Bonhoeffer, 『신도의 공동생활. 성서의 기도서』, 정지련, 손규태 역, 49.

70) 앞의 책, 83.

71) 앞의 책, 85; 본회퍼는 그리스도인이 혼자 있을 때 다음 세 가지를 가질 시간이 필요하다고 한다. "성서 묵상과 기도, 그리고 중보기도"(86).

72) 앞의 책, 84.

73) 구체적인 역사 배경을 위해서는 다음을 참고하라. Eberhard Bethge, 김순현 역, 『디트리히 본회퍼』; Kang An Il, Von der "Nachfolge" zur "Ethik" der Verantwortung, 87-137.

74) Dietrich Bonhoeffer, Ethik, 손규태, 이신건, 오성현 역, 『윤리학』(서울: 대한기독교서회, 2010), 52.

75) 이 논문의 장 "4. 『나를 따르라』에 나타난 말씀과 공동체의 관계"를 참고하라. 번역본에는 원문의 의미가 정확하게 드러나지 않았다. 원문에는 이렇게 쓰여있다. "Es gehört nun zum wirklichen Begriff des Weltlichen, daß es immer schon in der Bewegung des Angenommenseins und Angenommenwerdens von Gott in Christus gesehen wird." DBW 6, 44(밑줄은 논문저자가 함) ; 또한 모크로슈(Mokrosch)도 하나님의 현실성이 갖는 과정(Prozesse)과 되어감(im Werden)이라는 역동성을 확인하였다. Reinhold Mokrosch, "Was heist 'Frieden stiften'?", in: R. Mokrosch/ F. Johannsen/ C. Gremmels, Dietrich Bonhoeffers Ethik. Ein Arbeitsbuch für Schule, Gemeinde und Studium(Guetersloh: Chr. Kaiser, 2003), 139.

76) Dietrich Bonhoeffer, 『윤리학』, 손규태, 이신건, 오성현 역, 304.

77) 앞의 책, 455.

78) 앞의 책, 307.

79) 앞의 책, 65, 470 ; 본회퍼는 "위임"을 두 가지 관점에서 다룬다. 하나는 하나님의 현실성의 시각에서 다루고, 다른 하나는 하나님의 계명이라는 관점에서 다룬다. J.

Moltmann, Herrschaft Christi und soziale Wirklichkeit nach Dietrich Bonhoeffer(München: Chr.Kaiser, 1959), 45; 또 참고하라. Gunter M. Prüller-Jagenteufel, Befreit zur Verantwortung(Münster: Lit Verlag, 2004), 344.

80) Dietrich Bonhoeffer, 『윤리학』, 손규태, 이신건, 오성현 역, 470.

81) 앞의 책, 458.

82) 앞의 책, 470.

83) 앞의 책, 471.

84) 앞의 책, 476.

85) 앞의 책, 482.

86) 앞의 책, 487.

87) 앞의 책, 487.

88) 앞의 책, 489; Wolf Krötke, Barmen-Barth-Bonhoeffer: Beiträge zu einer zeitgemäß en christozentrischen Theologie(Bielefeld: Luther-Verlag, 2009), 442. 크뢰트케는 하나님께서 오늘날 우리 삶 한 가운데서 공간을 창조하신다고 말한다. 그 공간이 예수 그리스도 교회 안에서 계획되었다고 한다.

89) 이에 대한 자세한 설명은 다음의 책을 참고하라. Dietrich Bonhoeffer, Widerstand und Ergebung, 손규태, 정지련 역, 『저항과 복종』(서울: 대한기독교서회, 2010), 15-32.

90) 앞의 책, 531.

91) 앞의 책, 531.

92) 앞의 책, 531.

93) 앞의 책, 685.

94) 앞의 책, 580.

95) 앞의 책, 특히 각주35)를 참고하라.

96) 앞의 책, 681; 램퀼러는 "성숙한 세계와 비종교적 그리스도교에 대한 발언은 루터의 십자가 신학의 계속된 확장으로 해석할 수 있다"고 주장한다. Karsten Lehmkühler, "Christologie", 74.

97) Dietrich Bonhoeffer, 『저항과 복종』, 손규태, 정지련 역, 685.

98) 앞의 책, 709-715.

99) 앞의 책, 714.

100) 앞의 책, 713.

101) 스티븐 니콜스도 본회퍼에게 "계시 이해는 그리스도론과 교회론에 결정적으로 중요하다고 평가한다. Stephen J. Nichols, Bonhoeffer on the Christian Life: From the Cross, for the World, 김광남 역, 『본회퍼가 말하는 그리스도인의 삶』(서울: 아바서원, 2013), 115.

102) 강안일, "『나를 따르라』에서 『윤리학』까지: 본회퍼에게 있어서 윤리적 사고의 발전에 대한 소고", 『기독교사회윤리』, 제32집(2015), 7-54.

103) 한국기독교목회자협의회 편, 『한국기독교 분석리포트』(서울: 도서출판 URD, 2013)

104) 앞의 책, 116-17: 1주일 기준(분) 기독교인 48,3%, 불교인 16,5%, 천주교인 43,5%.

105) 지형은 박사도 말씀묵상이 갖는 사회, 정치적 연관성을 주장한다. 지형은, "경건주의와 말씀을 통한 교회 갱신", 『한국교회 큐티운동 다시 보기』(서울: 한국기독학생회출판부IVP, 2015), 125-34; 강안일, "디트리히 본회퍼의 묵상", 285-87.

106) 본회퍼는 성경을 인간에게 반대하여 읽어야 하는 낯선 말씀이라고 주장한다. 우리는 일반적으로 성경의 생각보다 우리 자신의 생각을 더 선호한다. 그래서 우리는 종종 성경을 읽을 때 우리의 기호에 따라 읽는다. 이런 읽기로는 주님의 온전한 뜻을 발견 할 수 없다. 그래서 그는 우리가 성경을 읽을 때 우리에게 반대하는(gegen uns) 읽기를 해야 한다고 말한다. DBW 11, 353; 강안일, "디트리히 본회퍼의 묵상", 280.

새로운 수도원 운동이란 무엇인가?[1]

I. 서론

본회퍼는 1933년부터 1935년까지 런던에서 목회 활동을 하고 있었다. 런던 목회사역 후반부 시기이면서 핑켄발데 신학원의 원장을 맡기 전인 1935년 1월 14일에 그는 그의 형 칼 프리드리히 본회퍼에게 쓴 편지에서 다음과 같이 주장한다.

> "교회의 회복은 확실하게 새로운 수도원의 방식으로부터 온다. 이것은 전통적으로 단지 예수의 제자도 안에서 산상수훈에 따라 삶의 비타협성을 공동으로 가지는 것이다. 나는 이것을 위해 사람들이 모여야 할 시간이라고 믿는다."[2]

이 편지가 쓰인 이후로 개신교 안에는 새로운 수도원 운동에 대한 관심이 새롭게 일어나기 시작했다. 오늘날 미국과 유럽을 중심으로 전개되고 있는 새로운 수도원 운동의 양상은 여러 갈래로 나뉘어 있다.[3] 물론 한국교회도 예외는 아니다.[4] 한국의 경우, 아직도 유럽 수도원의 영향과 토착적 운동의 영향으로 양분되어 있는 현실이고,[5] 신학적으로 정확한 논의와 체계적인 연구가 부족한 것 또한 사실이다.

그래서 이 논문은 1930년대에 "새로운 수도원 운동"을 주장했던 본회퍼를 대화 상대자로 택하여 그의 "새로운 수도원 운동"(방식)이

과연 무엇을 의미하는지를 우선적으로 드러내어 한국교회의 수도원 운동에 대한 새로운 신학적인 토양을 굳건히 하는 데 도움을 주고자 한다. 이를 위해 일반적인 수도원[6] 역사에 대한 전반적인 이해가 선행되어야 하겠으나 이는 또 다른 논문이 필요할 정도로 방대한 양이기에 여기서는 해당 문헌[7]을 참고하는 것으로 대신하고자 한다. 다만 본회퍼가 수도원에 대한 이해를 중심으로 서술하는 데 필요한 역사적인 배경에 대해서는 간략하게 다룰 것이다.(II) 그리고 "새로운 수도원 운동"이 1935년 이후로 그의 신학적인 활동 가운데서 어떤 모습으로 드러났는지를 연구한다.(III) 특히, 1935년 이후 목회자 후보자들을 위한 교육기관인 핑켄발데 신학원에서 실천한 모습이나 신학적 논의들, 즉 『나를 따르라』와 『신도의 공동생활』을 중심으로 진행할 것이다. 그리고 그 연구결과를 바탕으로 오늘날 본회퍼가 말하고 있는 "새로운 수도원 운동"이 한국교회에 어떠한 기여를 할 수 있는지 긴밀한 대화를 시도하고자 한다.(IV)

II. 역사적 배경

본회퍼는 1930년 12월 13일 베를린에서 프리드리히 파르페르트 (Friedrich Parpert)가 저술한 책[8]을 비평한다. 거기에서 수도원에 대한 그의 생각을 간접적으로 엿볼 수 있다. 본회퍼는 서평에서 책 내용을 전반적으로 확인한 후에 저자에게 다음과 같은 비평적인 질문을 던진다. "개신교적인 수도원은 신학적으로나 사회학적으로 무슨 의미를 가지는가?" 본회퍼가 파르페르트에게 이 질문을 던진 이유는 자명하다. 본회퍼가 볼 때 아직 파르페르트에게는 수도원의 개념이 신학적으로 정립되어 있지 않고, 또한 개신교적 사회학의 개념으로서의 수도원이 분명하게 드러나지 않고 있다고 본 까닭이다.[9] 덧붙여서 본회퍼는 수도원의 현상을 이해하기 위해서는 결정적으로 율법의 개념을 사회학적으로 평가해야 하지만 파르페르트의 글에서는 그러한 것들을 찾아볼 수 없다고 말한다.[10] 이 비평에서 우리는 본회퍼가 수도원에 대한 개념적인 역사나 자신의 신학적인 견해를 드러내는 것보다는 수도원에 대한 사회적인 관점에 보다 더 관심을 보이고 있음을 확인할 수 있다. 베트게도 이 비평을 보면서 본회퍼에게 "신학적, 사회학적 개념들을 해명하려는 학술적 열정만 보여줄 뿐, 공동 단체의 대의 자체에 대해서는 아무것도 보여주지 않는다"[11]고 비평한 바 있다.

그 이후 본회퍼의 문헌에서는 수도원에 대해 언급한 내용을 찾아볼 수 없다가 영국 목회(1933-1935)시절 보낸 편지[12]에서 다시 나타난다. 그가 런던목회(1933-1935)에서 언급한 수도원에 대한 이해를 위해서는 런던목회를 하기 전에 일어난 일련의 역사적인 사건들을 간략하게나마 살펴보는 것이 필요하다.

　본회퍼는 1930년과 1931년 사이에 장학생으로 미국 뉴욕 유니온 신학대학에 간다. 거기서 그는 그의 삶에서 결정적인 역할을 담당하는 사람들을 만난다. 특히 프랑스 평화주의자이면서 신학자인 장 라세르(Jean Lasserre)를 만나게 되는데 그를 통해 본회퍼는 새로운 수도원에서 가장 중요하게 여겨야 할 개념이 '산상수훈'이라는 점을 깨닫게 된다. 특히 하나님 말씀의 구체성에 대한 질문에 집중한다. 장 라세르를 만남으로 본회퍼에게 일어난 변화들을 퇴트는 다음과 같이 진술한다.

> "이제 본회퍼는 성경적인 텍스트를 구체적으로 이해한다. 예를 들면 산상수훈이 단순한, 일반적인 하나님 사랑의 의지의 표현이 아님을... 이제 본회퍼는 비저항적인 싸움을 하는 간디에 관심을 가지며, 그는 프랑스 평화주의자인 장 라세르와 함께 하는 것을 즐거워하고, 하나님의 나라는 이제 그에게 더 이상 저 세상의 일이 아니라 지상의 실제적인 의미를 가진다."[13]

　본회퍼는 장 라세르를 만나면서 하나님 말씀의 구체성 앞에 직면하게 되었고, 특히 산상수훈 말씀에 사로잡히게 된 것이다. 그런 그에게 1933년 히틀러가 독일의 수상이 된 사건은 그의 인생에 큰 변화를 예고했다. 히틀러는 집권하면서부터 독일교회를 완전히 히틀러화 하기를 원했다. 그것을 위해 많은 정책들을 집행했고, 특히 국가와 교회의 동일시화를 추진했다.[14] 이것 때문에 교회는 엄청난 도전 앞에 서게 되었다. 교회는 히틀러 정권에 대해 거부하든지 받아들이든지 분명한 입장을 취해야만 했던 것이다. 이런 도전 앞에서 교회는 유보적인 입장을 취하는 부류와 반대하는 부류로 나누어졌지만 시간이 흐를수록 점점 더 국가와 타협하는 세속의 길을 걷게 되었다.

이런 역사의 발걸음은 교회 역사적으로 수도원이 처음 발생하게 된 계기와도 비슷하다. 주후 313년 밀라노 칙령 이후 로마제국 내에서 기독교가 국교로 공인되는데 이는 박해 받는 종교에서 자유와 보호를 받는 종교로 기독교의 자리가 바뀌었음을 의미한다. 박해가 사라지고 자유가 주어진 것은 긍정적인 모습이지만 이것으로 인해 교회 안에서 서서히 물질적 풍요와 세속적 권력의 유혹에 넘어가는 모습이 나타나기 시작한 것은 비극이었다.[15] 급기야는 교회의 세속화[16]가 급속도로 진행되어 걷잡을 수 없게 상황까지 이르게 되었다. 이런 상황에서 순수한 신앙을 지키고자 노력하는 사람들이 광야로 나아가서 수도원을 만들고 거기서 그들의 신앙을 지키고자 한 것이 수도원운동의 시작이라고 할 수 있다.[17] 1933년 이후 독일교회 안에 일어난 세속화 현상이야말로 본회퍼에게는 다시 한 번 새로운 운동의 필요성을 갖게 되는 계기가 되었을 것이다. 본회퍼는 이 새로운 운동이 산상수훈 말씀에 구체적으로 집중해야 한다고 주장했다. 그래서 베트게는 1933년 시대적인 배경과 『나를 따르라』의 관계성을 평가할 때 『나를 따르라』의 주제와 근본내용들이 1933년에 이미 산상수훈을 해석한 것에 기반하고 있음을 주장한 것이다.[18]

본회퍼는 이런 관점을 가지고 1933년 10월부터 1935년까지 영국 런던에서 독일인 공동체를 목회하기 시작한다. 이 시기에 본회퍼는 에큐메니칼 활동에도 활발하게 참여하였다. 특히 파뇌(Fanö)에서 미국 뉴욕에서 만난 장 라세르를 다시 만난다. 그리고 그가 사역하는 프랑스 북부지역의 광부 공동체를 방문한다. 그곳에서 본회퍼는 라세르가 공동체 안에서 가난한 자들과 깊은 연대감 속에 있는 것을 발견하고 깊은 감명을 받는다. 특히 산상수훈의 말씀에 따라 삶을 살아가는 광부 공동체를 보면서 본회퍼의 생각에 큰 변화가 다시 일렁이게 되었다.[19]

또한 본회퍼가 영국으로 가면서 그의 마음속에는 독일교회가 어떻게 히틀러 정권의 정책에 저항할 것인가에 대한 고민도 있었다. 이런 고민 가운데서 특별히 간디에게서 저항의 방법을 배우고 싶었다. 그러면서 슈텔린(Stählin)교수에게 이런 질문을 던졌다. "개신교적 삶의 공동체는 무엇을 유지하여야 하는가?"[20] 이 질문에 슈텔린 교수는 본회퍼에게 20세기 초반에 일어난 개신교 개혁운동인 베르노

이헨 운동[21]을 소개시켜준다. 이 운동은 예배의 새로운 개혁을 통해서 교회를 새롭게 하고자 하는 그룹이었다. 이들은 이런 생각들을 수도원에서 가져왔다. 본회퍼는 이런 만남을 통해 새로운 독일교회의 회복 운동을 위해 수도원 운동이 갖는 의미를 계속 접할 수 있게 된 것이다.

본회퍼는 슈텐린을 통해 수도원에 대한 통찰을 받은 것은 사실이지만 그 사이에 슈텔린이 달렘회의[22]의 결정에 대해 반대함으로 인해 더 이상 슈텔린을 파트너로 취급하지 않았다.[23] 그 대신에 본회퍼는 런던에서 만난 브루더호프(Bruderhof) 운동의 창시자인 아르놀드의 아들, 폰 니묄러(Von Niemöller)를 주목한다. 그는 그의 아버지에게 "본회퍼는 훈련(Exerzitien), 고해(Beichte)와 다른 요소들을 가진 개신교 수도원의 방법을 원하고, 이를 위해 간디로부터 배우기를 원한다"[24]고 언급한다. 폰 니묄러의 말에서 본회퍼는 개신교적 수도원의 방법을 고민하고 있었고 그것을 위해 간디의 사례를 배우기 원했음을 확인할 수 있다.

본회퍼는 독일교회에게 절실히 필요한 것은 새로운 수도원적인 방법이라는 것을 더욱 공교하게 본격적으로 가다듬었다. 간디를 방문하려고 한 계획은 이루지 못하였지만, 영국에 있는 3곳의 수도원을[25] 방문한 것이 이를 방증한다. 이 수도원들은 개신교 교회의 공간 안에서 공동의 삶을 볼 수 있는 곳이었다. 이 방문은 본회퍼가 고백교회의 설교세미나 핑켄발데 원장으로 재직하는 동안 근간이 된 신학적 기초를 형성하는 결정적인 사건이 되었고[26] 핑켄발데에서 세워진 목회 후보자 훈련원이 "순수한 교리, 산상수훈 그리고 제의를 진지하게 여기는 교회적이고 수도원적인 학교"라는 구체적인 결과물로 세상에 드러날 수 있게 해주었다.[27] 본회퍼는 이런 배경에서 "새로운 수도원 운동"에 대한 편지를 그의 형 칼 프리드리히 본회퍼에게 보낸 것이다.[28] 1935년부터 전개된 핑켄발데 사역은 이런 관점에서 볼 때 "새로운 수도원 운동"이 어떤 모습이었는지를 알 수 있게 해준다.

III. 『나를 따르라』와 『신도의 공동생활』에 드러난 "새로운 수도원 운동"의 모습들

본격적인 논의에 앞서 우선 인지해야 할 사항이 있다. 그것은 "새로운 수도원 운동"에 대한 구체적이고 목회적인 교회적 적용은 본회퍼에게서 찾아 볼 수 없다는 것이다. 왜냐하면 핑켄발데 사역 이후에 그는 특정 교회에서 목회를 하지 않았고 저항 시기에 주변 지역들을 방문하는 저항 여행을[29] 한 후에 히틀러 정권에 의해 체포되어 죽음을 맞이했기 때문이다. 그래서 여기서는 핑켄발데에서 "새로운 수도원 운동"의 주장이 어떤 모습으로 드러났는지를 확인하는 것으로 만족해야 한다. 특히 핑켄발데 사역의 결과물인『나를 따르라』와『신도의 공동생활』에 집중하면서 추적하고자 한다.

1. "새로운 수도원 운동"은 산상수훈의 말씀위에 세워진다.

본회퍼가 산상수훈의 말씀에 대한 의미를 처음 논한 것은 뉴욕 유니온 신학대학 시절보다 더 이른 시기였다. 그러나 산상수훈의 말씀에 접근하는 "새 통로"[30]를 확보한 것은 그가 뉴욕에서 만난 동갑내기 유럽 친구 장 라세르를 만나고부터라는 점은 전술한 바와 같다. 그는 라세르를 만난 후 그에게 일어난 변화에 대해 훗날 이런 회고를 남겼다.

> "나는 처음으로 성서에 이르렀습니다. … 이미 나는 여러 번 설교를 했고, 교회에 관해서 많은 것을 보고, 이야기하고, 글을 썼지만 아직 그리스도인이 되지 못했고, 도리어 아주 난폭하고 순종할 줄 모르며 자기 위주로 사는 사람이었습니다. … 그것이 나를 해방시켰다. 특히 산상수훈. 그 이후로 모든 것이 다르게 되었다. … 그것은 커다란 해방과 같은 것이었다."[31]

라세르를 만나고 난 후 런던 목회현장에서도 산상설교는 그에게 중요한 것이 되었다. 1934년 4월 28일에 그가 런던에서 에어빈 슈츠 (Erwin Sutz)에게 보낸 편지를 보면 그 시기에 산상수훈을 얼마나 중요하게 여겼는지를 알 수 있다.

> "그 뒤에 찾아오는 본격적인 전투는 그저 믿으면서 견디는 것이어야 하네. 그럴 때에만 하나님께서 자신의 교회에서 자신의 말씀과 함께 고백하실 것이네. 하지만 그때까지는 많이 믿고, 많이 기도하고, 많이 견뎌야 하네. 자네도 알다시피 나는 … 산상설교에서 모든 게 결정된다고 생각하네. 바르트 신학은 또 한 번 멈칫할 것이네. … 그리고 이 사실이 분명히 인정받게 될 것이네."[32]

또한 베트게도 본회퍼가 런던에서 1년 6개월을 머물며 목회하는 동안 산상수훈이 그에게 본질적인 부분이 되었다고 평가했다.

> "그는 런던에서 1년 6개월 체류하면서 교회 투쟁을 벌이고 에큐메니칼 협의회에 영향력을 행사하면서 시간을 보냈다. 특히 후자에 많은 시간을 들였다. 공동체 사역을 소홀히 하는 것은 아니었지만 대체로 그의 사역은 투쟁의 일부가 되었다. 이 시기에

그의 가장 본질적인 참여는 '산상수훈'과 '제자도'에 대한 숙고
속에서 이루어졌다."[33]

런던 목회시기에 본회퍼가 산상수훈에 얼마나 집중하였는지를 베
트게의 평가를 들어보자.

"본회퍼는 유별난 사람이었다. 그는 투쟁 조합 회원이었음에도
불구하고 본국의 고백교회 동료들 사이에서 외톨이가 되었다.
산상수훈에 대해 끊임없이 물었기 때문이다. 반면 산상수훈으
로부터 많은 것을 얻는 외국 친구들 사이에서도 외톨이가 되었
다. 그가 신앙고백과 이단 배격을 고집했기 때문이다. 하지만
본회퍼는 산상수훈으로 인한 비생산성을 막기 위해서는 고백
에 입각하여 찬탈자들에게 저항해야 하고, 고백으로 인한 열광
주의를 막기 위해서는 산상수훈에 입각하여 저항해야 한다고
생각했다."[34]

이처럼 산상수훈은 본회퍼의 런던 목회시기에 가장 본질적이고
중요한 부분이었다. 그리고 이 시기에 "새로운 수도원 운동"에 대한
세간의 관심도 높아져 있었기에 "새로운 수도원 운동"과 산상수훈
은 자연스럽게 연결고리를 형성해갔다. 그리고 런던목회 마지막 시

기는 앞으로 고백교회에서 신설 중인 신학원의 원장직을 앞두고 준비하는 시기였기에, 앞으로 신학원을 어떻게 운영할 것인가를 고민하는 가운데 산상수훈과 "새로운 수도원 운동"을 밀접하게 연결시킬 수 있었다.

> "산상수훈을 진지하게 다루기 시작할 때 비로소 내면이 깨끗해지고 참으로 반듯해지리라는 것을 잘 알게 되었습니다. 나는 산상수훈을 깊고 진지하게 대함으로써 힘의 원천을 얻어 온갖 마법과 유령을 허공으로 흩어 버릴 것입니다. 그들을 불꽃으로 살라서 잔해만 약간 남을 때까지 말입니다. 교회의 회복은 실로 새로운 종류의 수도생활에 의해서 이루어질 것입니다. 새로운 수도생활과 옛 수도생활의 유일한 공통점은, 그리스도를 본 받으면서 무엇과도 타협하지 않고 산상수훈을 따라서 살아가는 것이 될 것입니다. 지금이야말로 그 일을 위해 사람들을 모을 때라고 생각합니다."[35]

이런 생각을 가지고 본회퍼는 핑켄발데 신학원에서 산상수훈을 해석하는 강의를 진행했다. 그렇게 해서 만들어진 것이 『나를 따르라』이다. 이 책의 구성을 보면 처음에는 "값비싼 은혜", "제자직으로의 부름", "단순한 순종", "제자직과 십자가", "제자직과 개체"[36]를 다루고, 그 이후 산상수훈을 해석하는 주요 부분이[37] 나온다. 그리고 후반부에는 바울서신을 근거로 핑켄발데에서 행한 강의들로 채워진다. 처음 부분에 제자도에 관한 내용이 나오는 것은 본회퍼에게 산상수훈과 제자도가 긴밀하게 연결되어 있기 때문이다.[38]

『나를 따르라』에서 본회퍼가 해석한 산상수훈의 해석을 간략하게 정리하면 다음과 같다.[39] 본회퍼는 우선 "그리스도인의 삶의 비범성"에 관해 언급한다. 예수님을 따르는 제자들이 세상과 구별되고, 그 당시 유대인들과 구별되어야 함을 강조한다. 이 구별을 가능하게 하는 것은 "율법이 아니라 더 나은 의"[40]라고 본회퍼는 말한다. 그리고 여기서 말하는 "더 나은 의"는 예수 그리스도께서 성취하시어 제자들에게 "선사된 의"이고, "나를 따르라는 부름을 통해서만 선사되는 의"이다. 제자들이 홀로 율법을 성취하신 분과의 사귐으로 부름을 받았기 때문에 바리새인들의 의보다 더 나은 의가 되는 것이다.[41] 그래서 "제자들의 의는 십자가 아래 있는 의"라고 그는 말한다. 또한 "이것은 그리스도의 부름 때문에 가난한 자들, 애통하는 자들, 배고픈 자들, 온유한 자들, 평화를 위해 일하는 자들, 박해받는 자들의 의이고, 예수의 부름 때문에 세상의 빛과 산 위의 도시가 되는 자들의 가시적인 의"이기도 하다.[42] 이런 십자가 아래서 제자들이 예수님을 따라 가는 것이야말로 제자들의 온전한 비범성이 되는 것이다.

그 다음으로 본회퍼는 "그리스도인의 삶의 은밀성에 관해" 언급한다. 여기서 그는 비범성과 은밀성의 역설적인 관계를 설명한다. "제자의 길은 어느 정도 보이기 마련이다. 그러나 역설적으로 말하자면, 사람들에게 보이지 않도록 주의해야 한다."[43] 이런 역설적인 관계가 갖는 문제점에 대해 본회퍼는 십자가에서 그 해결점을 찾는다. "십자가는 필연적인 것이고, 숨겨진 것인 동시에 보이는 것, 비범성이기도 하다."[44]

계속해서 "제자 공동체의 선별"이라는 부분에서 제자를 부른다는 것이 무엇인지, 예수 그리스도와 제자들의 관계성이 무엇인지를 분명히 한다. 특히 그 관계성을 결속이라는 개념과 중보라는 개념을 가지고 설명한다. "제자는 오직, 그리고 전적으로 예수 그리스도와 결속됨으로써만 살아간다"고 말하며, 계속해서 "그를 제자로 만드는 것은 그의 삶의 새로운 잣대가 아니라 오직 예수 그리스도요, 곧 중보자와 하나님 아들 자신"이라고 말한다.[45] 이런 이유 때문에 제자들이 다른 사람에게 다가가는 중요한 관점을 제공한다. 이것은 본회퍼가 말하는 "새로운 수도원 운동"에서 중요한 위치를 차지한다. 그의 말을 들어보자.

"제자는 다른 사람들을 언제나 예수가 다가서는 사람들로 본다. 제자가 다른 사람들을 만나는 것은 오직 예수와 함께 그들에게 다가서기 때문이다. 예수는 제자보다 먼저 다른 사람들에게 다

가서며, 제자는 예수를 따른다. 이렇게 제자와 다른 사람들의
만남은 서로에게 자신들의 견해와 잣대와 판단을 직접 들이댈
수 있는 사람들의 자유로운 만남이 아니다. 제자가 만날 수 있
는 사람은 오직 예수가 친히 만나는 사람들이다.” [46)

산상수훈을 해석하는 마지막 부분 “사도들”에서는 “사도들의 임
무와 능력이 오직 예수의 말씀에 기초” [47)함을 강조한다. 다시 한 번
본회퍼가 꿈꾸는 “새로운 수도원 운동”은 철저하게 말씀에 매여 있
어야 함을 강조하고 있는 것이다. “영원히 사도는 말씀 곁에 머물고,
말씀은 사도 곁에 머문다.” [48)

2. “새로운 수도원 운동”은 삶의 전 영역의 수도원화이다.

본회퍼는 『나를 따르라』의 첫 번째 장 “값비싼 은혜”에서 수도원
에 대한 생각을 루터의 예를 들어 설명한다. 루터는 1505년 7월 에
어푸르트(Erfurt)에 있는 아우구스티누스 엄수파 수도원에 들어간
다. 누구보다도 열심히 수도규칙을 따르며 생활한 루터는 수도원 생
활에 자신의 모든 생명을 걸고 고행하였다. “매일의 훈련을 통해 예
수의 엄격한 계명들을 따르려고 노력하였다. 그리하여 수도원 생활

은 그리스도교의 세속화에 맞선, 은혜의 평가절하에 맞선 생생한 저항이 되었다."[49] 그러나 본회퍼는 특정 공간 안에서 이루어지는 수도원 생활이 두 가지의 치명적인 결과를 초래한다고 봤다. 먼저는 교회가 수도원을 통해 세속화의 저항에 감내하려고 하였지만, 오히려 이것이 "저항을 상대화 하였고", "저항으로부터 자신의 세속적인 생활을 정당화 할 수 있는 명분을" 주었다는 것이다.[50] 이를 통해 모든 그리스도인이 그리스도의 말씀에 철저한 순종을 해야 함에도 불구하고, 오히려 "수도원 생활은 일반 교인들에게는 의무로 부가 할 수 없는 개인의 특별한 행위가 되어", "예수 그리스도의 계명의 효력은 특별한 자질을 지닌 사람들의 특정 집단에게 국한되었다"고 본회퍼는 진단했다.[51] 두 번째의 치명적인 결과는 이 수도원적 길이 오히려 특정 집단에 특별한 업적으로 변질되었다는 점이다. 본회퍼의 평가를 직접 들어보자.

"이로써 교회는 자체 안에서 수도원 생활의 길을 터놓음으로써 세속화에 대한 모든 공격을 피해 나갔으며, 다른 한편으로는 더 쉬운 길을 걸을 수 있는 가능성을 정당화할 수도 있었다. 그리하여 로마 가톨릭 교회가 수도원을 통해 값비싼 은혜에 대한 원시교회의 이해를 보존하려고 했던 것이 역설적으로 교회의 세속화를 다시금 최종적으로 정당화한 꼴이 되고 말았다. 여하튼 수도원의 결정적인 잘못은 –예수의 뜻에 대한 내용적인 오해에도 불구하고– 엄격한 제자직의 은혜로운 길을 따른 것에 있지 않았다. 수도원이 본질적으로 그리스도교로부터 멀어지게된 까닭은 오히려 자신의 길을 몇몇 사람들의 자유로운 특별한 업적으로 만들었기 때문이며, 그렇게 함으로써 제자가 되기 위해 특별한 공로를 요구하였기 때문이다."[52]

이 치명적인 결과들은 루터로 하여금 여러 사실들을 깨닫게 하였다. 특히 "하나님이 성서를 통해 그에게 보여 주신 것은 예수의 제자가 되는 길이 인간의 특별한 공로가 아니라 모든 그리스도인을 위한 하나님의 계명이라는 사실"과 "수도사의 세상 도피는 가장 정교한 세상 사랑이라는 사실"[53]이다. 이런 깨달음이 루터에게 어떤 영향을 미쳤는지에 대해 본회퍼는 "수도원에 처음 들어갈 때, 그는 모든 것을 버렸다. 하지만 그는 자기 자신, 곧 자신의 경건한 자아만은 버리지 않았다. 이제 그는 그것마저 버렸다. 그는 자기의 공로를 바라보면서 따르지 않고, 하나님의 은혜를 바라보면서 따랐다"[54]고 평가한다. 이런 이유 때문에 루터는 수도원을 떠나 세상 안으로 들어간다. 이런 세상 안으로 들어가는 루터의 발걸음을 본회퍼는 다음과 같이 평가한다.

"수도원을 떠나 세상 안으로 들어간 루터의 발걸음은 원시교회 이래 세상에 가해졌던 가장 강력한 공격이었다. 수도사가 세상에게 던졌던 거부는, 세상이 자신 속으로 되돌아왔던 자를 통해 경험했던 거부에 비하면 어린아이의 놀이와 같은 것이었다. 이제 공격은 전면적으로 개시되었다. 예수의 제자직은 이제 세상 한복판에서 실천되어야 한다. 수도원 생활이라는 특별한 상황 아래서, 그리고 개인의 특별한 공로로 가볍게 여기며 실행되었던 일이 이제는 세상의 모든 그리스도인에게 주어진 필수적인 명령이 되었다." [55)]

루터가 수도원을 떠나 세상 한복판으로 들어간 것을 해석하면서 본회퍼는 "새로운 수도원 운동"에서 추구하고자 하는 것을 언급하는데, 그것은 바로 이 세상 한복판에서 수도적인 삶이 실천되어야 한다는 것이다. 곧 삶의 모든 영역의 수도원화인데[56)] 이는 오직 예수 그리스도를 뒤따르는 제자도의 삶을 통해서만 가능함을 분명히 한다. "새로운 수도원 운동"의 방향성은 삶의 전 영역을 수도원화하는 것이요. 그 수도원화는 오직 예수 그리스도를 따르는 제자도의 형태로만 가능하다.

3. "새로운 수도원 운동"은 말씀과 공동체의 역동적인 관계 속에 있다.[57]

　본회퍼는 하나님께서 원초적으로 세운 관계가 인간의 불순종으로 인해 파괴되고, 그것으로 인해 발생된 완전한 고립 상황에서 예수께서 인간들을 말씀의 부르심 안에서, 사람들을 자신과 묶으심으로(Bindung) 새로운 공동체를 만드셨다고 한다. 이 공동체에서는 사람과 사람사이에 어떤 직접성도 없다. 이런 직접성은 "기만"이요, "그리스도를 미워"하는 것이라고 말한다. 이 공동체에서는 모든 것이 오직 "그분을 통해서만" 일어나야 함을 분명히 한다.[58] 그의 말을 들어보자. "예수 이래 제자들은 그 어떤 자연적, 역사적, 경험적 직접성도 가질 수 없었다. 인식하든 못하든, 아들과 아버지 사이에, 남자와 여자 사이에, 개인과 민족 사이에 중보자 그리스도가 계신다. 그리스도를 통하지 않고는, 그분의 말씀을 통하지 않고는, 그리고 그분을 따르지 않고는 우리가 다른 사람들에게 도달할 수 있는 길은 존재하지 않는다. 직접성은 곧 기만이다."[59]

　이렇게 예수 그리스도 안에서 드러난 하나님의 현실성은 『그리스도론』강의에서 밝힌 것처럼 인간의 어떤 관념의 언어들이 추구하는 것과는 다르게 "인간이 되신 하나님의 아들은 단지 귀나 심장만이 아니라 자신을 따르는 육체적인 인간을 필요로 하신다"[60]고 본회퍼는 말한다. 그래서 예수님 자신과 묶여있는 몸은 세상 앞에서 교회의 형태로 보여질 수 밖에 없다. 그럼 어떻게 세상 속에서 몸이 보여질 수 있는가? 이에 대해 본회퍼는 말씀이 가진 운동성과 자발성을 가지고 설명한다. 그에 따르면 "말씀은 인간을 얻기 위해 길을 나선다"[61]고 한다. 인간을 얻기 위해 길을 나서는 말씀은 인간을 받아들일 수 있는 능력 있는 말씀이다. 이 말씀은 또한 교회를 향해 움직인다. 그의 말을 들어보자: "하나님의 말씀은 교회를 용납하기 위해 교회를 찾는다. 그것은 본질적으로 교회 안에 있다. 그것은 자발적으로 교회 안으로 들어간다. 그것은 교회를 향해 움직이는 운동성을 지닌다."[62] 그런데 이 시점에서 본회퍼는 사람들이 오해할 수 있는 부분을 지적한다. 사람들은 "하나의 말씀, 하나의 진리가 있고, 다른 한편으로는 하나의 교회가 있어서, 설교자가 이 말씀을 교회 안으로 가지고 들어가려고, 이 말씀을 교회에 적용하려고, 이 말씀을 취하고 다루고 움직이는 것"[63]이라고 생각한다는 것이다. 그런데 본회퍼는 그것이 아니라고 분명히 언급한 후에, 말씀의 자유로운 자발성을 강조한다. "말씀은 철저히 자발적으로 이 길을 간다. 설교자가 해야 하고 또 할 수 있는 일은 오직 말씀의 이런 독자적인 운동을 돕는 것이고, 말씀을 방해하지 않는 것이다."[64] 이처럼 본회퍼의 이해에 따르면 말씀은 공동체를 향하여 나아간다. 이것은 말씀이 가진 자유롭고 역동적인 운동성 때문이다. 말씀이 가진 이 역동성을 성령께서 사용하시어 말씀을 듣는 사람들 안에 믿음을 일으킨다. 그 결과로 말씀의 역동성 안에서 "예수 그리스도가 자신의 몸의 능력으로 우리 한 가운데"[65]로 친히 들어오신다. 계속해서 그리스도 자신의 몸은 "선 포의 공간과 함께 교회 질서의 공간도"[66] 요구한다. 그리고 더 나아 가 "교회는 단지 예배와 질서만이 아니라 그 지체들의 일상생활을 위해서도 세상의 공간을 요구한다."[67] 이런 공간들을 요구하는 것은 주지하다시피 말씀의 자발적인 운동성 때문이라고 할 수 있다. 말씀 은 교회 공간을 넘어 일상으로 공간을 확장시키고 있는 것이다. 그 러니 특히 산상수훈의 말씀으로 모이는 "새로운 수도원 운동"은 말 씀과 공동체의 긴밀한 역동성 속에 있다는 것을 확인할 수 있다.

또한 이것에 대해 다섯장으로 구성된 『신도의 공동생활』은 각 장 을 시작할 때 성경구절로 시작하고, 마무리 할 때는 "말씀아래서의 공동생활"을 강조하며 마무리 한다. 이미 책의 구성 안에서도 말씀 과 공동체의 관계를 제시하고 있는 것이다.[68]

본회퍼는 그리스도인이 "우리 밖에서" 그리고 우리에게 "건네지 는 말씀"을 통해서만 살아갈 수 있다고 주장한다.[69] 그런데 이 말씀 은 일차적으로 말씀을 듣는 사람을 사로잡은 후에, 말씀에 사로잡힌 사람을 통해 다른 사람들에게 계속 전해지도록 하는 특성을 가지고 있다. 그래서 본회퍼는 우리 인간의 외부에서 인간 내부로 들어와 다 시 외부로 나아가려는 말씀의 특성 때문에 그리스도인들은 "하나님 의 말씀을 들려주는 다른 그리스도인을 필요로 한다"고 말한다.[70] 다른 그리스도인이 필요하다는 것은 그것이 갖는 공동체적 특성이요, 그것이 그 말씀 안에 본질적으로 드러나 있다는 것이다. 말하자면 말씀을 서로 나누면 나눌수록 우리는 더 공동체적으로 나아갈 수밖에 없다는 것이다. 본회퍼가 말하는 "새로운 수도원 운동"이 산상수훈을 중심으로 모인다면 거기에는 이런 역동성을 가진 공동체가 세워지는 것이 당연하다. 이것에 대해 본회퍼는 더 상세하게 설명을 이어간다.

"그는 하나님의 구원의 말씀을 전해 주는 형제를 필요로 한다. 그는 예수 그리스도 때문에 형제를 필요로 한다. 자기 마음속에 계시는 그리스도는 형제의 말씀 안에 계시는 그리스도보다 약하다. 자기 마음속에 계시는 그리스도는 불확실하지만, 형제의 말씀 안에 계시는 그리스도는 확실하다. 이로써 모든 그리스도인 공동체의 목적이 드러난다. 즉 그들은 구원의 소식을 전하는 자로서 서로 만난다." [71]

여기서 특별히 구원의 소식을 전하는 자로서 서로 만난다는 것은 말씀만이 다른 사람에게 나아갈 수 있다는 의미일 것이다. 그리고 본회퍼가 직접 말한 "그리스도인은 오직 예수 그리스도를 통해서만 다른 사람에게 나아갈 수 있다"[72]는 말과 일맥상통한다. 이런 점에서 본회퍼는 말씀 안에서만 사귐이 가능하고 교회 공동체가 가능하다는 것을 분명히 한다. 그런 후에 그는 그의 책에서 구체적인 실천방안을 제시하며 논의를 계속하고 있다. 말씀을 서로 읽고 나누는 것을 통해 계속되는 사귐의 공동체가 가능하다면 교회 안에서 말씀을 함께 읽을 수 있는 공동의 시간들이 필요하다는 것이다.[73] 그는 그것을 "공동 기도회"라고 표현한다.[74]

이런 공동기도회는 본회퍼에 의하면 "홀로 있음"과 분리됨 없이 연관성을 가져야 함이 강조된다. "공동체 안에 있을 때에만 우리는 홀로 있을 수 있고, 또한 홀로 있을 수 있는 사람만이 공동체 안에 있을 수 있다."[75] 여기서 홀로 있다는 것은 말씀 앞에서 침묵하는 것과 같다. 그러기에 침묵은 단순한 말하지 않음이 아니라 홀로 있는 자가 "말씀에 매인 침묵"[76]이 되는 것이다. 이렇게 홀로 있음을 통해 하나님 말씀 앞에 서 있는 사람만이 공동체를 세우고 새롭게 할 수 있는 것이다. 왜냐하면 "공동체를 세우고 결속시키는 말씀에는 침묵이 동반"[77]되기 때문이다. 그래서 말씀 앞에 함께 있음과 홀로 있음은 분리됨 없이 동시에 강조되어야 하는 것이다. 이는 공동체를 날마다 새롭게 하는 길이기 때문이다. 이렇게 새롭게 하는 길을 "새로운 수도원 운동"은 늘 추구하고 있는 것이다.

4. "새로운 수도원 운동"은 공동의 삶을 기반으로 하는 "외부를 향한 내부로의 집중"의 방향성을 가진다.

  본회퍼는 1935년 9월 6일 핑켄발데에 공동의 삶을 기반으로 하고 "전형적인 수도원"[78]의 형태를 보여주는 "형제의 집"을 세우면서 몇 가지 근본적으로 고려해야 할 점들을 언급한다.[79] 이것을 살펴보면 본회퍼가 "새로운 수도원 운동"을 통해 무엇을 추구 하고자 했는지를 알 수 있다. 우선 본회퍼는 목회자들, 특히 개체화 속에 있는 젊은 세대의 목회자들이 공동체적이고 그리스도교적인 삶으로 함께 모여야 하고, 그들이 담대하게 선포에 임하도록 용기를 줘야 한다고 주장한다. 두 번째로 이 공동체는 주의 계명에 대한 순종 안에서 공동체적인 훈련을 해야 한다. 세 번째로는 이 형제의 집은 교회 투쟁 안에서 특별한 임무를 위해 또는 위기 상황 속에 있는 영역을 위해 자유롭고, 전투의 준비를 갖춘 그룹을 준비시켜야 한다. 네 번째로 이 공동체는 목회자와 평신도에게 교회 안에서 그들의 임무를 위해 영적인 피난처를 제공해야 한다[80]고 주장한다.

  이렇게 "형제의 집"을 세울 때의 고려점을 열거하면서 분명하게 드러나는 것은 개별적인 사람들을 영적으로 준비시키고 강하게 하는 것이고, 또한 고백교회의 투쟁에 참여할 수 있는 능력을 주려는 것임을 알 수 있다.[81] 여기서 본회퍼가 추구하는 "새로운 수도원 운동"의 강조점을 알 수 있는데, 세상과 동떨어진 영적인 운동이 아니라 공적인 세계 한복판에서 이루어지는 역동적인 운동이라는 사실이다.[82] 이것은 『나를 따르라』의 방식대로 말한다면 제자들의 의의 가시적인 비범성과 은밀성의 변증법적인 관계의 다른 표현이라고 할 수 있다.

그러나 당시에는 이런 "형제의 집"에 대한 오해에서 오는 의심과 비판이 있었다. 즉 핑켄발데 안에서 이루어지는 영적인 삶의 공동체의 모습들이 오히려 수도원적으로 세상과 동떨어진 실존 안에서 이루어지는 "퇴보"라고 생각하는 것이다.[83] 또한 어떤 이들은 이런 모습들에 대해 "가톨릭적인 열광주의자들", "수도사들" 그리고 "율법주의자들"이라고 비판하기도 하였다.[84] 그러나 이런 비판과 의심스러운 시각에 대해 본회퍼는 핑켄발데 안에 "형제의 집"을 세우면서 분명한 방향성을 제시한다. 그에 따르면 핑켄발데의 사역은 세상과 동떨어져서 진행하는 "수도원적 분리가 아니라 외부를 향한 내부로의 집중"[85]이 그 목적이라는 것이다.

본회퍼가 말하는 "외부로 향한"이 의미하는 것은 구체적으로 핑켄발데 주변의 대학교과의 협력을, 어려움 가운데 있는 교회들의 상황 그리고 포메른 교회들의 목회자 공동체와 함께 협력하는 것이다.[86] 그러니까 공동체 외부를 향한 시각을 분명히 가지고 있는 것이다. 한 공간에 머물러 있는 수도원적 운동이 아니라 외부로 나아가는, 즉 삶의 영역에서 수도원적인 정신을 실천하는 것을 말한다. 일반적으로 공동체가 속한 주변 사회와 함께 호흡해야함을 강조한 것이다. 또한 "내부로의 집중"은 다음을 의미한다. 하루 일과를 엄격한 예배적인 순서의[87] 요구에 따라 살아가는 것이며, 기도, 성경읽기 그리고 고해의 의미를 강조하는 가운데서 분명하게 드러난다.[88] 이것은 공동체적 삶을 강조하는 것이다. 공동체가 함께 모여 기도하고 공동의 말씀을 나누는 것, 홀로 있는 것이 부정적인 의미에서의 개인주의화가 아니라 홀로 있는 것 자체도 공동체와의 긴밀한 변증법 속에 있다는 사실을 강조하는 것이다. 우리는 이것을 특히 『신도의 공동생활』을 구성하고 있는 구조 즉 "공동체", "함께 있는 날", "홀로 있는 날", "섬김", "고해"와 "성만찬" 등을 통해서 분명하게 확인할 수 있다.

이런 관점에서 보면 "외부로 향한 내부로의 집중"은 "새로운 수도원 운동"이 강하게 공동체적인 삶의 모습을 강조하지만, 그 삶이 한 공간에 머물러 있는 것이 아니라 외부로 나아가야만 하는, 그러니까 말씀이 다른 형제를 필요로 하는 것처럼 외부를 향하는 역동성을 보여준다는 것이다. 비록 본회퍼가 주장하는 것에 대한 다양한 해석이 있지만[89] 『나를 따르라』에서 드러나는 세상에 대한 싸움은 삶의 공간 인 세계로부터 도피를 위한 투쟁이나 분리가 아니라 죄로 물든 세상이지만 그리스도께서 다스리시는 세상을 위한 싸움이라는 사실이다.[90]

IV. 결론을 대신하여 – 한국적인 상황에서 "새로운 수도원 운동"이 갖는 의의

1) 지금까지 본회퍼가 말한 "새로운 수도원 운동"이 어떤 역사적 배경 속에서 등장하였고, 어떤 모습으로 드러났는지를 1935년 이후 목회자 후보자들을 위한 교육기관인 핑켄발데 신학원에서 실천한 모습이나 신학적 논의들, 즉 『나를 따르라』와 『신도의 공동생활』을 중심으로[91] 살펴보았다. 이제 본회퍼가 말한 "새로운 수도원 운동"이 한국교회에 가지는 의의가 무엇인지를 살펴볼 차례가 되었다.

2) 위에 언급한 것처럼 수도원이 처음으로 발생한 교회사적인 배경을 보면 당시 교회가 세상의 권력과 결탁하여 세속화의 길로 나아갈 때였다. 그리고 수도원이 세상과 결탁하여 수도원적 정신을 잃어버렸을 때도 또 다른 부류의 사람들이 일어나 순수한 수도원 전통을 이어갔다. 종교개혁 당시에도 중세교회에 속한 수도원들, 특히 특정한 공간 가운데 있던 수도원들이 온갖 부패의 온상이 되었기에 종교개혁자들은 수도원의 폐지를 주장했다. 그렇게 개신교 안에서는 수도원의 전통이 사라지는 듯 했다. 그러나 개신교 수도원들은 사라지지 않았고, 그 자리를 지키고 있었지만 그 영향은

미미했다. 원래 수도원이 주는 긍정적인 측면들도 약해진 상태였다.

3) 본회퍼가 1930년대 경험한 시대의 교회도 히틀러 지배 아래서 국가화 되고 세속화되어 가고 있었다. 이것은 단순히 히틀러가 정권을 잡은 이후로 발생한 역사적인 이유 때문만이 아니라 개신교안에 자리 잡고 있는 여러 가지 신학적인 오해들 때문에 발생하였다.[92] 신학적인 오해들 중의 하나는 루터가 강조한 칭의이론이 후기 루터주의자들에 의해서 오용(오해)되었다는 점이다. 루터는 언제나 신앙과 함께 제자도를 밀접한 관계성 안에서 다루었지만, 후기 루터주의자들은 그것을 잊어버렸다는 것이다. 이것을 통해서 은혜는 값싼 것이 되었다고 본회퍼는 주장한다. 이런 은혜와 신앙의 잘못된 이해는 "나치 제국을 간접적으로 돕는 역할을 하였을 뿐만 아니라, 그의 본질에 대한 완전한 파괴를 초래하였다"[93]고 본회퍼는 주장한다. 이런 교회의 세속적인 상황을 지켜보며 본회퍼는 다시 교회가 새로워져야 한다고 주장했다. 그 새로움에 대한 갈망의 형태를 찾는 중에 그는 여러 가지 경험들을 통해 산상수훈을 중심으로 하는 새로운 수도원의 방식을 주장하게 된 것이다. "새로운 수도원 운동"은 위에서 논의한 4가지의 모습으로 드러났다.

4) 우선 한국교회를 논의할 때 주의해야 할 점은 일반적으로 사람들이 가지는 주관적인 평가에 따라 한국교회가 이런 저런 문제가 있다고 말하지 않는 것이다. 여기서는 객관적인 자료에 근거해서 논의를 진행할 것이다. 그래서 최근에 기독교윤리실천운동(이하 기윤실)에서 실시한 "2017년 한국교회의 사회적 신뢰도 여론조사"[94] 결과보고서를 근거 자료로 사용할 것이다. 비록 기윤실 자료만을 사용한다는 한계가 있을 수 있지만 필자는 이번 신뢰도 여론조사가 어떤 평가보다 객관적이라고 판단하였다.

기윤실이 여론조사 결과보고서를 발표하면서 내린 종합적인 평가는 다음과 같다. 가장 신뢰하는 기관은 시민단체이고, 종교기관은 제3순위로 위치한다는 것이다. 종교 중에서는 가장 신뢰하는 종교 1순위로 가톨릭이, 그 다음으로 불교, 3순위로 개신교가 그 뒤를 따랐다. 이런 순위들이 보여주듯이 한국교회에 대한 사회적 신뢰도의 "문제는 심각한 수준이며, 이에 대해 개선되지 못하는 양상을 나타내고 있다. 한국 교회의 신뢰도 수준은 2008년부터 현재까지 보통 이하로 지속되고 있으며, 2017년의 한국교회 신뢰도 점수는 그 동안 조사된 점수 중에 최저점을 기록하고 있다. 금년의 한국교회 신뢰도 점수는 2008년에 나타났던 가장 낮은 신뢰도로 회귀하는 양상이다. 보통 이하의 낮은 신뢰도 자체에 대해서도 문제를 제기할 수 있겠으나, 이보다 더 심각한 것은 문제가 개선되지 않고 오히려 심화되는 양상으로 이어질 가능성이 높다는 것이다. 개선되지 않고 방치된 도로가에는 깨끗한 도로보다 더 많은 쓰레기가 쌓이는 '깨진 유리창의 법칙'이 한국교회에도 작동되는 것을 막기 위해서는, 이미 신뢰도가 깨어진 상황에서 어떤 유리창을 고쳐야 하는지 구체적인 방안을 모색하는 것이 시급할 것이다"[95]라고 평가하였다.

그러면서 만약 이런 신뢰도를 제고하기 위해 필요한 것이 무엇이냐에 대한 질문에 대해서는 불투명한 재정사용이 1순위로 선택되었다. 이것은 한국교회의 재정 사용이 성경적인 원리에 의해 집행되는 것이 아니라 세속적인 원리에 의해 지출되었음을 알리는 방증이기도 하다. 그동안 한국교회 안에서 재정으로 인해 발생한 수많은 문제들은 교회가 얼마나 세속화 되었는지를 알려주는 것이다. "한국교회는 전일적 자본제의 질서 속에 깊숙이 들어와 맘몬의 놀이판에 깊숙이 침윤되어 온 것이 대체적인 현실이다. 그러한 증상의 대표적인 예로 개교회주의와 성장지상주의 이데올로기를 거론할 수 있으며, 그렇게 축적된 자본을 통해 자기 동일성의 체계를 고착하면서 정치경제적으로, 사회문화적으로 제 자신의 패쇄적 정체성과 기득권을 보존, 확대하려는 끊임없는 몸부림이 이러한 현상을 잘 증명해준다."[96] 그 다음으로 "한국교회의 신뢰도 제고를 위하여 필요한 사회적 활동으로 응답자들은 윤리와 도덕 실천운동(48.3%)을", "정직(28.3%)"을 가장 많이 선택하였다. 이것은 삶과 신앙이 분리되고, 교회와 일터의 신앙이 분리되어 있는 현실 때문에 야기되는 사회적 모습일 것이다. 그래서 이 설문조사 결과보고서에 따르면 기독교가 사회적인 봉사는 많이 하지만 사회적인 영향력은 오히려 많이 잃어버린 것을 자연스럽게 확인할 수 있었다.[97]

마지막으로 설문조사 결과보고서에서는 한국교회의 사회적 신뢰도 회복을 위해 3가지를 제언하고 있다. 즉 "기독교 윤리에 대한 끊임없는 실천", "기독교 공동체 내의 하나 됨", "공동체 외부와의 소통"[98]이다.

5) 기윤실에서 한국교회의 사회적 신뢰도 회복을 위해 제언하는 세 가지를 위해 우리가 위에서 논의한 본회퍼의 "새로운 수도원 운동"은 많은 통찰력을 줄 수 있을 것이다. "기독교 윤리에 대한 끊임없는 실천"은 "산상수훈" 말씀의 구체적 실천과 삶의 전 영역의 수도원화를 통해 가능하게 될 것이다. 그야말로 순수한 말씀의 실천인 것이다. 그리고 "기독교 공동체 내의 하나됨"은 "새로운 수도원 운동"에서 강조하는 "말씀과 공동체"의 역동적인 관계성을 한국교회가 회복하면 얼마든지 가능할 것이다. 마지막으로 "공동체 외부와의 소통"은 "새로운 수도원 운동"에서 핵심가치로

여기는 "외부를 향한 내부로의 집중"의 방향성을 가진다면 한국

교회의 사회적 신뢰도는 더 좋아질 것이다.

註

1) 이 글은 강안일, "새로운 수도원 운동—본회퍼의 사상을 중심으로",『기독교사회윤리』 37(2017), 11-47을 수정한 것이다.

2) Dietrich Bonhoeffer, Dietrich Bonhoeffer Werke, hg. v. E. Bethge, E. Feil, Chr. Gremmels, W. Huber, H. Pfeifer, A. Schönherr, H. E. Tödt, I. Tödt, München 1986-1991(Gütersloh: Gütersloher Verlagshaus, 1992-1999). 이후부터는 본회퍼의 전집의 표시를 'DBW'로 사용한다. DBW 13, 273.

3) 김홍일, "한국교회의 문제와 수도원 영성의 재발견",『기독교 사상』, 675 (2015), 49-50, 김홍일은 새로운 수도원 운동을 크게 세 갈래로 정리하고 있다. 1) "전통적인 수도자와 수녀들에게서 영감을 얻어 기도와 관상, 예배를 위한 모임, 사랑의 봉사를 위한 장소를 새롭게 만들어가고 있다." 2) "자신들의 정체성을 탁발수도 전통에서 찾고 있다." 3) "두 그룹의 전통을 결합시키고 있다."

4) 다음을 참고하라. 이덕주, "한국 개신교 수도원 운동의 역사적 기원과 맥락",『기독교 사상』, 675 (2015), 30-38; 배덕만, "한국개신교회와 수도원 운동",『기독교 사상』, 675 (2015), 51-59.

5) 배덕만, "한국개신교회와 수도원 운동",『기독교 사상』, 675 (2015), 58.

6) 수도원이라는 말은 영어로는 'Monastry'이고, 그리스어로는 'monas'이고, 그 뜻은 '홀로'(allein), '단독'이라는 뜻이다. 그래서 어원적으로 보면 수도원은 홀로(단독으로) 묵상하면서 영적인 훈련을 목적으로 세상에서 떨어져 나가 생활을 하는 것을 의미한다. 더 자세한 설명을 위해서는 다음의 책을 참고하라. Wassilios Klein/ Fairy v. Lilienfeld, "Mönchtum I. II", in Theologische Realenzyklopädie, hg. von G. Krause G.Müller, Berlin 23, 1994, 이후 "TRE"로 약칭한다. TRE 23, 144.

7) 수도원에 대한 일반적인 안내는 TRE 23, 143-193참조: 역사적인 관점에서는 Wolf-Dieter Hauschild, Lehrbuch der Kirchen-und Dogmengeschichte Band I, Alte Kirche und Mittelalter (Gütersloh: Gütersloher Verlagshaus, 1995), 261-335 참조; 번역서로는 Karl Suso Frank, 최형걸 역,『기독교 수도원의 역사』(서울: 은성, 1997); Jonathan Wilson-Hartgrove, 손승우 역,『다시, 그리스도인 되기: 새로운 수도원 운동이 찾은 그

리스도인 본연의 삶』(서울: 비아, 2016); Christopher Brooke, 이한우 역,『수도원의 탄생: 유럽을 만든 은둔자들』(파주: 청년사, 2006); 일반논문으로는 유정우, "수도원 운동의 역사적 고찰과 신학적 이해",『논문집(평택리뷰)』(경기: 평택대학교, 1992), 362-383; 민경배, "수도원 운동과 교회 정화",『연세대학교 연신원 목회자 하기 신학세미나 강의집』(서울: 연세대학교, 1994), 283-289; 최형근, "수도원 운동에 나타난 선교"『교수논총』17(부천: 서울신학대학교, 2005), 379-408; 박상덕,『동, 서방 교회 수도원 운동을 통한 기독교 영성의 고찰』박사학위 논문(경기도: 성결대학교, 2011); 손은실, "중세 수도원의 빛과 그림자",『기독교 사상』, 675 (2015), 12-21; 남성현, "수도적 영성과 전통이 개신교에서 지니는 의미와 가치",『기독교 사상』, 675 (2015), 22-29; 이덕주, "한국 개신교 수도원 운동의 역사적 기원과 맥락",『기독교 사상』, 675 (2015), 30-38; 박효섭, "현대 세계와 수도원 영성",『기독교 사상』, 675 (2015), 39-45; 김홍일, "한국 교회의 문제와 수도원 영성의 재발견",『기독교 사상』, 675 (2015), 46-53; 정용석, "수도원의 형성과 역사",『기독교 사상』, 682 (2015), 10-20; 이충범. "수도원의 낮과 밤",『기독교 사상』, 675 (2015), 21-29; 김선영, "16세기 종교개혁가들과 수도원 개혁",『기독교 사상』, 675 (2015), 30-39; 배덕만, "한국개신교회와 수도원 운동",『기독교 사상』, 675 (2015), 51-59.

8) Friedrich Parpert, Das Mönchtum und die evangelische Kirche(München: Ernst Reinhardt, 1930); 이 책에 대한 본회퍼의 비평은 다음을 참고하라. DBW 10, 378-380.

9) DBW 10, 379.

10) 위의 책, 380.

11) Eberhard Bethge, 김순현 역,『디트리히 본회퍼: 신학자-그리스도인-동시대인』(서울: 복있는 사람, 2014), 671.

12) DBW 13, 273.

13) H.E. Tödt. Theologische Perspektive nach Dietrich Bonhoeffer(München: Chr. Kaiser, 1993), 86.

14) Kang. An Il, Von der "Nachfolge" zur "Ethik" der Verantwortung. Die Bedeutung der ethischen Konzeptionen Dietrich Bonhoeffers für die Theologie und Kirche in Südkorea(Münster: Lit verlag, 2014), 17; G. Denzler/ V. Fabrizius, Die Kirchen in Dritten

Reich. Christen und Nazis Hand in Hand?, Band 1: Darstellung(Frankfurt am Main, 1984), 35.

15) 이덕주, "한국 개신교 수도원 운동의 역사적 기원과 맥락", 앞의 책, 30-38.

16) 종교 사회학적으로 "세속화"의 문제는 가장 중요하면서 논란을 일으키는 주제이다. 그래서 한 마디로 정의를 내리는 것이 쉽지 않다. 어떤 학자들은 "사회와 문화의 여러 영역들이 종교제도와 상징의 지배로부터 해방되는 과정"이라고 정의하고, 또 어떤 학자들은 "기독교의 쇠퇴 현상"으로, 또한 "종교적 사고, 행위 및 제도가 사회적 의의를 잃어가는 과정"으로 정의한다. 세속화의 정의가 한편에서는 긍정적인 입장에서, 또 다른 한편에서는 부정적인 입장에서 사용되고 있다. 긍정적으로 본다는 것은 사회변동 속에서 교회가 영향을 받을 수 밖에 없다고 보는 것이며, 부정적으로 본다는 것은 교회가 사회와의 상호관계 속에서 호흡하면서 사회와 어떤 차이점도 없이, 사회의 가치체계가 교회의 가치체계와 동일시되는 것을 통해 기독교적 가치관에 변형을 초래하는 부정적인 현상을 말한다. 이런 세속화의 상반된 정의들은 현대 종교사회학 전통 안에서 "양대 이론적 지주들로 군림해 온 막스 베버(Max Weber)와 에밀 뒤르켐(Emile Durkheim)의 종교변동론에서 유래한다고 정리할 수 있다. 분명히 베버는 세계가 점차 완전히 마법(종교)에서 해방 될 것이라는 확신에 기초했던 반면에, 뒤르켐은 계속되는 사회 변동에도 불구하고 사회가 하나의 사회로서 남아 있게 되는 것은 그를 총체적으로 덮고 있는 것, 즉 종교 때문이라고 주장했다." 더 자세한 설명은 다음의 책을 참고하라. 김종서, 『종교 사회학』(서울: 서울대학교출판문화원, 2010), 131-157참조; 또한 역사적인 관점으로 보면 "'세속화'는 16세기 초 영국의 왕 헨리 8세가 교회와 수도원이 소유한 땅을 국가 차원해서 회수해 나를 위한 예산으로 삼았다고 하는 데서 비롯됐다. 이처럼 좋은 의미에서 '세속화'는 교회가 세속 사회를 위해 소유를 내어주고 세속 사회를 섬긴다는 뜻이다. 그러나 나쁜 의미의 '세속화'는 교회가 세속 문화에 용해돼 빛과 소금의 역할을 상실하거나 기독교적 근원과 단절된 세속 문화가 교회 안으로 침식해 들어오는 경우다. 우리는 이를 세속주의라 부를 수 있을 것이다. 그러니까 교회의 '세속화'는 좋은 의미를 지닐 수도 있고, 교회의 '세속주의'는 나쁜 의미를 갖는다." 이형기, "하나님 나라를 희망하는 교회론과 재정의 사용", 『목회와 신학』 통권 328(2016. 10), 53. 필자는 "세속화"의 개념을 종교사회학적으로나 역

사적으로나 부정적인 의미로 소급하여 사용하였다.

17) 최형근 박사는 수도원 운동의 기원을 정확하게 규정할 수는 없지만 일반적으로 세 가지로 정리할 수 있다고 한다. "첫째 수도원 운동은 기독교가 로마의 국교로 공인되기 이전, 그리스도인들이 박해를 피해 사막으로 들어간 데서 기원하였다고 볼 수 있다." "둘째, 기독교가 로마의 공식적인 종교로 채택되어 국가의 보호 아래 성직자의 권위와 다양한 교회의 제도를 형성해 나가면서 나타나게 되는 제도화와 성직자의 부패에 대한 평신도의 저항운동의 성격을 띠고 있다." 셋째로, "수도원 운동이 베네딕트에 의해 확정되어 수도원의 규칙을 갖게 되고 도시와 인접한 지역에 설립되면서 자연히 교회와의 연계성을 갖게 되었다." 최형근, "수도원 운동에 나타난 선교", 앞의 책, 382-383.

18) E. Bethge, Dietrich Bonhoeffer. Theologe – Christ – Zeitgenosse((Gütersloh: Gütersloher Verlagshaus, 9. Auflage 2005), 523; 그린은 『나를 따르라』의 핵심사상이 실존적이고 신학적으로 1927년부터 1933년까지 시기에 속하였다고 주장한다. Clifford J. Green, Freiheit zur Mitmenschlichkeit. Dietrich Bonhoeffers Theologie der Sozialität(Gütersloh: Gütersloher Verlagshaus, 2004), 15

19) Ferdinand Schlingensiepen, Dietrich Bonhoeffer(München: C.H.Beck, 2003), 191.

20) 위의 책, 191.

21) 이 운동에 관해서 다음을 참고하라. Peter C. Bloth, "Berneuchen", in Relogion in Geschichte und Gegenwart, vierte, völlig neu bearbeitete Aufl., hg. von K. Galling/ D, S, Browning/ B. Janowski/ E. Jüngel(Tübingen: Mohr Siebeck Band 1, 1998), 이후 "RGG"로 사용. RGG 4판, 1326-1327; 또한 온라인상으로는 https://de.wikipedia.org/wiki/Berneuchener_Bewegung.

22) 1934년 10월 10일에 작성된 달렘회의 결의문은 다음과 같다. "우리는 그리스도교 교회, 목회자, 장로에게 기존의 제국교회 정부와 그 관청의 지시를 받지 말고, 제국교회 정부에 계속 복종하려고 하는 자들에게 협력하지 말라고 촉구한다. 우리는 그들에게 독일 개신교 고백총회의 지시와 고백총회가 승인한 기구들의 지시를 받으라고 촉구한다." Eberhard Bethge, 김순현 역, 앞의 책, 586; Eric Metaxas, 김순현 역, 『디트리히 본회퍼』(서울: 포이에마, 2011), 364.

23) Ferdinand Schlingensiepen, 앞의 책, 192.

24) 위의 책, 192.

25) 3곳의 수도원은 다음과 같다. 1)1865년 설립한 옥스퍼드에 있는 성 요한 복음주의의 공동체(Society of St. John the Evangelist), 2)1892년 세워진 Mirfield에 있는 부활의 공동체(Society of the Resurrection), 3)1893년에 세워진 Kelham에 있는 성스러운 선교의 공동체(Society of the Sacred Mission).

26) Ferdinand Schlingensiepen, 앞의 책, 193.

27) DBW 13, 204.

28) 위의 책, 273.

29) DBW 16, 127; Kang. An Il, 앞의 책, 103-132를 참고.

30) Eberhard Bethge, 김순현 역, 앞의 책, 263; Peter Zimmerling, Bonhoeffer als Praktischer Theologie (Göttingen: Vandenhoeck& Ruprecht, 2006), 67.

31) 이 인용은 DBW 14,113과 Sabine Dramm, 김홍진 역,『본회퍼를 만나다-그의 삶, 신앙, 신학, 사상 이해하기』(서울: 대한기독교서회, 2013), 63의 내용을 종합한 것이다.

32) Eberhard Bethge, 김순현 역, 306; DBW 13, 128.

33) 위의 책, 495.

34) 위의 책, 555; Peter Zimmerling, 앞의 책, 68. 짐머만은『나를 따르라』에서 해석한 산상수훈을 당시 고백교회의 행동을 위한 구체적인 시금석으로 해석하였다고 말한다.

35) Eberhard Bethge, 김순현 역, 앞의 책, 671.

36) Dietrich Bonhoeffer, 손규태, 이신건 역,『나를 따르라』(서울: 대한기독교서회, 2010), 33-113.

37) 위의 책, 114-249; 역사적이고 신학적인 이해를 위해서 Kang. An Il, 앞의 책을 참고하라.

38) Eberhard Bethge, 김순현 역, 495 참고.

39)『나를 따르라』에 나타난 제자도 윤리에 대해서 다음의 논문을 참고하라. 고재길, "본회퍼의『나를 따르라』에 나타난 제자의 윤리",『장신논단』45권 2(2013), 117-143.

40) Dietrich Bonhoeffer,『나를 따르라』, 앞의 책, 141.

41) 위의 책, 142.

42) 위의 책, 142.

43) 위의 책, 180.

44) 위의 책, 181.

45) 위의 책, 209.

46) 위의 책, 210.

47) 위의 책, 236.

48) 위의 책, 246.

49) 위의 책, 38.

50) 위의 책, 38.

51) 위의 책, 38.

52) 위의 책, 38-39.

53) 위의 책, 39-40.

54) 위의 책, 40.

55) 위의 책, 40-41.

56) 김선영, "16세기 종교개혁가들과 수도원 개혁", 앞의 책, 36. "루터는 특정한 시공에 한정된 수도원 제도의 많은 문제점을 열거하면서 그런 수도원 제도를 폐지하고자 했다. 그럼에도 불구하고 그는 본래적 수도원 정신과 삶 자체까지 없애고자 한 적은 없다. 그는 오히려 그것을 다시 살려 냈고, 모든 그리스도인들에게 그것을 삶의 모든 영역에서 매 순간 추구하고 구현할 것을 촉구했다. 이렇게 볼 때, 어떤 면에서 시공에 제한된 수도원을 폐지함으로써 그리스도인의 전 삶의 영역을 수도원화하는 것이 루터의 의도였다고 설명할 수 있다." 루터 자신도 그의 『대교리문답』에서 이것에 대해 다음과 같이 말한다. "그렇다고 수도사가 되라는 말이 아닙니다. 수도사들은 영적 직무를 심각하게 손상시켰습니다. 카르투지오 수도원에 들어가는 순간, (하나님이 명하신) 참된 선행을 스스로 금지하는 것이 되기 때문입니다. 왜냐하면 이 계명에 따르면, 평범한 그리스도인으로 살아가는 자리가 오히려 더욱 가치가 있기 때문입니다." Martin Luther, 최주훈 역, 『대교리문답』(서울: 복있는 사람, 2017), 137-138.

57) 이 부분은 필자가 쓴 논문을 약간 수정한 것이다. 강안일, "말씀과 공동체의 관계-본

회퍼의 저작을 중심으로", 『신학과 선교』 제48집(2016), 23-29.

58) Dietrich Bonhoeffer, 『나를 따르라』, 앞의 책, 102-107.

59) Dietrich Bonhoeffer, 유석성 역, 『그리스도론』(서울: 대한기독교서회, 2010), 45.

60) 위의 책, 285: 본회퍼는 인간의 관념과 같이, "하나의 진리, 하나의 교훈, 하나의 종교
는 자신의 공간을 필요로 하지 않는다. 이것들은 몸이 없다"고 말한다.

61) Dietrich Bonhoeffer, 『나를 따르라』, 앞의 책, 287; 이 말은 외팅거(Oettinger)에게서
본회퍼가 인용한 말이다. "몸은 하나님의 길의 종국이다." Dietrich Bonhoeffer, 강성
영 역, 『창조와 타락』(서울: 대한기독교서회, 2010), 103 (각주 16)참조).

62) Dietrich Bonhoeffer, 『나를 따르라』, 앞의 책, 287.

63) 위의 책, 287.

64) 위의 책, 287.

65) 위의 책, 288.

66) 위의 책, 290.

67) 위의 책, 292.

68) Albrecht Schödl, Unsere Augen sehen nach dir. Dietrich Bonhoeffer im Kontext einer
aszetischen Theologie(Leipzig: Evangelische Verlagsanstalt, 2006), 188.

69) Dietrich Bonhoeffer, 정지련, 손규태 역, 『신도의 공동생활. 성서의 기도서』(서울: 대
한기독교서회, 2010), 26.

70) 위의 책, 27.

71) 위의 책, 27.

72) 위의 책, 27.

73) 위의 책, 49-62 : 본회퍼는 가정 공동체 안에서와 교회 공동체 안에서 "식구들이 교
대로 계속해서 읽어 내려가는 것"(60-61)이 중요하다고 생각하며, 이것을 성경을 연
속적으로 읽어가는 것 즉 "연독(lectio continua)"이라고 부른다.(57) ; 또 다음의 책을
참고하라. Albrecht Schödl, Unsere Augen sehen nach dir. Dietrich Bonhoeffer im Kon-
text einer aszetischen Theologie, 219.

74) Dietrich Bonhoeffer, 『신도의 공동생활. 성서의 기도서』, 앞의 책, 49.

75) 위의 책, 83.

76) 위의 책, 85; 본회퍼는 그리스도인이 혼자 있을 때 다음 세 가지를 가질 시간이 필요하다고 한다. "성서 묵상, 기도, 그리고 중보기도"(86).

77) 위의 책, 84.

78) Eberhard Bethge, 김순현 역, 앞의 책, 679.

79) DBW 14, 76-78.

80) DBW 14, 76-78; Ruth Gütter, Innerste Konzentration für den Dienst nach außen(Frankfurt am Main: Peter Lang, 2000), 50 참고; Eberhard Bethge, 김순현 역, 앞의 책, 677. 베트게는 여기서 간략하게 제안서의 내용을 정리해 놓았다.; Florian Schmitz, Nachfolge. Zur Theologie Dietrich Bonhoeffers(Goettingen: Vandehoeck&Ruprecht, 2013), 403. 슈미츠는 『나를 따르라』를 "하나의 신학적인 저항문서"라고 평가한다. 2013), 191.

81) Ruth Gütter, 앞의 책, 50.

82) 그래서 우리는 『나를 따르라』를 단순한 세상과 동 떨어진 제자도에 대한 신앙비밀 문서가 아니라 세상 한 복판에서 제자로 살아가는 것이 무엇인지를 다룰 수 있는 공적인 읽기가 가능한 것이다. 김현수, "디트리히 본회퍼의 『나를 따르라』에 대한 하나의 공적인 읽기", 『신학과 사상』 제160권(2013), 199-235.

83) Ruth Gütter, 앞의 책, 50.

84) Stefan Wick, Sucht den Herrn und ihr werdet leben: Gottsuche in Dietrich Bonhoeffers Schrift "Gemeinsames Leben" und der Benediktsregel(Münster: Lit Verlag, 2006), 35.

85) DBW 14: 77.

86) Ruth Gütter, 앞의 책, 50.

87) 슈테판 빅은 당시 핑켄발데의 세미나에 참여했던 짐머만(W. D. Zimmermann)이 재구성한 하루일과를 다음과 같이 소개한다. 오전6:55-기상, 침묵; 오전7:30-예배, 정리, 그 이후 아침식사; 오전8:30-묵상시간; 9:00-그리스 신약성경의 번역; 오전9:30-강의들, 연습들; 낮12:30-노래(찬양); 오후13:00-점심식사, 그 이후 자유시간; 15:30-오후 티타임, 그 이후 자신의 일들; 18:00-성경구절들을 공부; 19:00-저녁식사, 그 이후 계획에 따라 진행; 21:45-저녁예배; 22:15~23:30- 침묵의 시간. Stefan Wick, 앞의 책, 34-35.

88) Ruth Gütter, 앞의 책, 50.

89) 다음 책을 참고하라. Ernst Feil, Die Theologie Dietrich Bonhoeffers. Hermeneutik –
Christologie – Weltverständnis (Mainz: Chr. Kaiser Verlag, 1971), 275, 284; Hanfried
Müller, Von der Kirche zu Welt, Ein Beitrag zu der Beziehung des Wortes Gottes auf
die societas in Dietrich Bonhoeffers theologischer Entwicklung(Hamburg–Bergstadt:
Hebert ReichEvang. Verlag, 1966), 241.

90) Günter M. Prüller–Jagenteufel, Befreit zur Verantworung. Sünde und Versöhnung in
der Ethik Dietrich Bonhoeffers(Gütersloh: Gütersloher Verlaghaus, 2004), 206.

91) 본 논문에서는 『나를 따르라』와 『신도의 공동생활』을 중심으로 다루었다. 그러나 본
회퍼의 "수도원적 영성"은 이 두 권의 책 외에서도 분명히 나타난다. 간단하게 서술하
면 다음과 같다. 『윤리학』에 따르면 이 세상에는 두 현실이 아니라 예수 그리스도 안
에서 화해된 '하나의 현실'이 있다고 한다. 이 관점은 우리가 위에서 말한 "삶의 전 영
역의 수도원화"와 같은 의미의 다른 신학적인 표현일 것이다. 하나의 현실 속에서 그
리스도께서 오늘 그리고 여기에서 어떤 형상을 취하고 계시는지에 묻는 것은 본회퍼
가 강조한 수도원적 영성과 흐름을 같이하는 것이다. 그리고 『윤리학』 후반부에서 다
룬 "책임"의 주제는 예수님의 삶에 대한 응답으로 수도원적 영성을 추구하는 본회퍼
에게도 중요한 주제이다. 그리고 『저항과 복종』에서도 수도원적 영성의 흐름은 계속
된다. "진정한 교회는 타자를 위해 존재하는 교회"라는 표현은 본회퍼가 말한 수도원
적 영성과 동일한 강조점을 가지고 있다. 자기 목적과 자기 보호 속에 있는 교회는 화
해하고 구원하는 말씀들을 사람들과 세상을 위해 전달하는 역할을 할 수가 없다. 그
들의 말들은 영향력이 없고, 침묵할 수밖에 없다. 자기 언어 안에 갇혀 있기 때문이다.
그래서 비종교적인 해석이 필요하고, 기독교적인 전통언어들을 가장 현실적으로 해
석해야 하는 것이다. 이런 상황 속에서 "우리의 그리스도인 됨은 오늘날 오직 두 가지
것, 즉 기도하고 인간들 사이에서 정의를 행하는 것에 의해서만 이루어 질 수 있다"고
말한 것은 "외부를 향한 내부로의 집중"이 강조하는 것과 동일하다. 안드레아스 판그
리츠는 "기도 하는 것과 정의를 행하는 것"을 "궁극이전의 것과 궁극적인 것"의 관계
안에서 설명한다. 기도는 신앙 안에서 비밀들의 차원이고, 그러니까 궁극적인 것과
일치하고, 정의를 행하는 것은 신앙 안에서 순종의 차원인데, 궁극이전의 것과 일치

한다는 것이다. 그러면서 판그리츠는 전통적으로 우리가 가진 신학적인 용어들, 그러니까 '화해', '구원', '십자가와 부활'이 오늘날 우리가 이해할 수 있는 적절한 언어가 무엇인가에 대해 사람들 가운데서 정의를 행하는 것이라고 해석한다. 이것은 본회퍼가 수도원적 영성에서 강조하는 것과 일맥상통하다. 이외에도 "세상과의 깊은 대화", "작업가설로서 하나님 이해를 피하는 것", "차안성(Diesseitigkeit) 안에서 살아가는 것", 그리고 그리스도적인 비밀들을 세속화 앞에서 보호하려는 "신앙비밀훈련(Arkandisziplin)을 다시 요구 하는 것", "하나님의 때를 기다리는 것" 등은 수도원적 영성을 가장 현세적인 상황에서 고민하고 추구하는 본회퍼의 사상의 또 다른 언어들일 것이다. Dietrich Bonhoeffer, 정지련, 손규태 역, 『저항과 복종』(서울: 대한기독교서회, 2010), 특히 556; 그리고 본회퍼의 옥중신학을 정리한 책으로는 다음 책을 참고하라. Daniel Gerte, Authentische Spiritualität in den Gefängnisbriefen Dietrich Bonhoeffers. Kriterien für Geistliche Begleitung heute(Frankfurt am Main: Peter Lang, 2014), 141-181; 안드레아스 판그리츠(Andreas Pangritz)가 2014년 11월 10일 우트레이트(Utrecht)의 "Bonhoeffer Werkgezelschap Nederlandstalig"에서 행한 강연논문, "Zu Dietrich Bonhoeffers Verständnis der Arkandisziplin", http://www.dbonhoeffer.eu/Pangritz_Zur%20Arkandisziplin.pdf.

92) 자세한 설명을 위해서는 Kang. An Il, 앞의 책, 36-40을 참고하라.

93) DBW 4, 37-38ff.

94) 기독교윤리실천운동, 『2017년 한국교회의 사회적 신뢰도 여론조사』발표 자료집, 2017. 이 설문조사는 전국 만 19세 이상 남녀 총1000명의 표본 규모로 2017년 1월 20일부터 21일까지 ㈜지앤컴리서치에서 실시하였다.

95) 기독교윤리실천운동, 『2017년 한국교회의 사회적 신뢰도 여론조사』발표 자료집, 85

96) 차정식, 『기독교 공동체의 성서적 기원과 실천적 대안』(서울: 짓다, 2015), 28; 또한 박영신 교수는 "경제주의의 추세를 교회가 철저히 반영하고 오히려 그 원리를 후원하고 있었다. 교회마다 물질적 풍요와 여유를 찾기에 급급하고 기독교의 부흥과 영향력을 교회 (인)수와 헌금액 등에 비추어 판단하는 등, 모든 것을 물량적으로 측정하며 교회 회원의 가정은 물질적 축복을 비는 신앙(?)으로 넘치게 되었다"고 말한다. 박영신 외, 『현대 한국사회와 기독교』(서울: 한들출판사, 2006), 115-116.

97) 기독교윤리실천운동, 『2017년 한국교회의 사회적 신뢰도 여론조사』 발표 자료집, 73;
정원범 교수는 한국교회가 사회 속에서 사회적 신뢰를 잃어버린 것은 공공성의 상실
에 있다고 주장한다. 공공성의 상실 원인으로 7가지를 제시한다. 그것은 "개인주의적
구원이해", "이분법적 사고", "근본주의", "샤머니즘과의 결탁", "유교문화와의 결탁",
"경제주의(자본주의)와의 결탁", "국가와의 결탁"이라고 한다. 그리고 공공성의 회복
의 대안으로 '사회선교'를 주장한다. 정원범, "한국교회의 공공성 위기와 기독교의 사
회선교", 『기독교사회윤리』제27집(2013), 335-368.

98) 위의 책, 86-89.

『나를 따르라』에서 『윤리학』까지
윤리적 발전 과정[1]

I. 서론

　지금도 큰 영향력을 발휘하고 있는, 20세기가 낳은 개신교 신학자를 거론할 경우 디트리히 본회퍼[2]를 빼놓을 수 없다. 그가 남긴 탁월한 학문적 성과들, 그가 참여했던 저항 활동들, 그리고 국가사회주의 시대에 그리스도적 순교자[3]로서의 역할들이 지금도 개신교 영역뿐 아니라 지성계 전체를 아우르는 하나의 표본(Vorbild)으로 평가되고 있기 때문이다.

　그러나 이러한 높은 평가에도 불구하고, 아직도 그를 바라보는 시각이 대립적인 의견을 중심으로 널리 퍼져 있는 점 또한 부인할 수 없는 사실이다. 그를 둘러싼 대립적인 시각의 충돌은, 특히 신학의 중심 주제가 무엇인가에 대한 논란과 히틀러 암살 공모에 대한 신학적인 견해 차이, 그리고 윤리학자 본회퍼의 '윤리적 발전의 성격'이 무엇인지에 대한 다양함 등 세 가지로 대별된다. 본 논고는 이들 세 가지 중 가장 후자의 문제에 집중하고자 한다.

　그에게 있어 '윤리'는 핵심적인 '연구 주제'이다. 그는 윤리를 논함에 있어, 일반적인 현실 세계와 교회에 그리스도의 가르침이 분리됨 없이 긴밀하게 연결되어 있다고 보았다. 이에 대해 하인츠 에투하르트 퇴트는 "교회 이해와 윤리 개념은 본회퍼에게 분리 없이 밀접하게 연결되어 있다"[4]고 주장한다. 또한 윤리와 그리스도론 사이의 실제적인 관계성에 대해서 마틴 호네커는 다음과 같이 말한다: "윤리로서 그리스도론, 그리고 그리스도론으로서 윤리"[5]이다.

이처럼 그리스도에 대한 신앙뿐만 아니라 교회 이해와 함께 긴밀하게 연결되어 있는 윤리는 본회퍼의 대부분의 저서들과 논문들에서도[6] 찾아볼 수 있다. 예컨대 그의 박사학위 논문인『성도의 교제』는 중심주제가 교회임에도 불구하고, 윤리적인 요소들을 찾을 수 있다는 점에서 그러하다. 공동체를 "윤리적 집단인격"으로 보는 것이나 "대리사상"[7] 등과 같이 다양한 윤리적인 생각들이 그의 박사학위 논문 안에 이미 드러나거나 내포되어 있음을 알 수 있다.

또한 1929년 그가 바르셀로나에 있는 독일인으로 구성된 공동체에서 목사 후보생으로서 사역할 때 발표한 논문 "그리스도적인 윤리의 근본 질문"[8]을 보면, 그는 여전히 "라인홀트 제베르크의 주의론(Voluntarismus)적인 요소들을 논하고 있다는 점, 그 당시에 바르트와 불트만으로 집대성된 결정적인 순간윤리(Augenblicksethik)의 영향을 받고 있다는 점, 파울 알트하우스나 엠마누엘 히르쉬와 같은 루터교의 질서신학의 특징을 띠고"[9] 있다는 점에서도 윤리적 요소들을 찾아볼 수 있다.

첫 번째 미국 방문을 마치고 돌아온 직후인 1932년, 본회퍼는 "세계연합사역의 신학적인 근거를 위해"[10]라는 논문에서 에큐메니컬적인 평화윤리의 기본특징을 기술한다. 특히 그는 여기에서 "윤리적인 원리"에 대해 말하지 않고 "구체적인 방법 안에서" 말해야 함을 강조한다.[11] 이 논문을 통해, 그가 구체성의 개념을 중점적으로 사용하고 있고, 또한 그 이후로 그에게 점점 더 중요하게 작용하는 보존질서(Erhaltungsordnung)의 개념을 창조질서(Schöpfungsordnung)의 개념보다 더 강조하고 있음을 알 수 있다.[12] 그는 보존질서의 개념을 복음으로부터 역사적인 질서들을 이해하는 책임적인 열린 행동으로 간주한다.

더욱이 1933년 4월에 발표한 "유대인 질문 앞에 있는 교회"[13]라는 논문에서 윤리는 더욱 중요한 역할을 담당하게 된다. 본회퍼는 나치 정권을 비판적인 입장으로 바라보면서, 교회가 동일한 공동체 안에 있는 유대인들에 대해 어떤 입장을 취해야 하는가를 고민한다. 일반적인 윤리적 관점에서라기보다는 교회가 국가적인 행동 앞에 어떤 입장을 가져야 하는지를 다루고 있다는 점에서 국가와 교회의 관계성이 무엇인지를 이해하기 위한 중요한 대목이 아닐 수 없다.

그 뒤를 이어서 본회퍼는 그의 중요한 윤리적 문서인『나를 따르라』를 출판하고, 몇 년 후에는 계속해서 단편들로 구성된『윤리학』을 쓰면서 윤리적 기획을 보다 구체화한다. 마지막으로 그의 생애 후반부 감옥에서 쓴 편지들로 구성된『저항과 복종』에서도 윤리적인 사고가 계속된다.

지금까지 간략하게 본회퍼에게 윤리는 그의 저작들에서 중요하게 다루어지고 있음을 살펴보았다. 이 논문은 이런 배경하에서 특별히 『나를 따르라』와 『윤리학』 사이에 윤리적 발전 성격에 대해 다룰 것이다. 『나를 따르라』와 『윤리학』으로 범위를 제한한 본질적인 이유는 그의 다른 저작들보다 윤리적 사고가 가장 중점적으로 나타나기 때문이다. 따라서 그의 윤리에 대한 이해를 위해 상기 두 저작의 정확한 읽기는 필수적인 것이다.

정확한 읽기를 바탕으로 논문을 진행하는 저자에게는 중요한 방법적인 전제가 있다. 그것은 본회퍼 자신이 주장한 것이기도 한데[14] 그의 신학과 생애를 긴밀히 연관 지으며 연구를 진행하는 것이다. 그의 신학과 생애의 해석적 관계성은 서로 조건 지우는 것과 보충하는 방식이다.[15] 본회퍼의 친구이자, 그의 생애와 신학에 대한 책을 집필한 베트게도 '인식과 실존의 연관성은 그의 신학적인 저작을 이해하기 위한 열쇠'라고 주장한다. 그리고 프리드리히 요한센(Friedrich Johannsen)도 '삶의 실천은 특정한 윤리적 문장들의 해석'이라고 주장한다.[16] 이런 관점으로 저자는 본회퍼의 『나를 따르라』와 『윤리학』을 이해하기 위해 먼저 관점을 가지고 두 저작의 저술시기의 역사적인 배경을 간략하게 기술하고 그 다음에 두 저작에 나타난 신학적이고, 윤리적인 사고의 구조가 어떻게 발전했는지에 대한 성격을 비교할 것이다.

이것을 본격적으로 진행하기 전에 그의 저작의 전체적인 틀에서 그동안 학자들이 윤리적 발전의 성격에 대해 어떤 주장을 했는지를 간략하게 정리하는 것이 필요하다.

II. 본회퍼의 윤리적 사고의 발전 성격에 대한 간략한 연구사

한프리트 뮬러(Hanfried Müller)가 그의 저작『교회로부터 세계로』에서 본회퍼 신학에 대해 처음으로 포괄적인 설명을 한 이후로, 특별히 본회퍼의 윤리적 발전에 대한 비판적인 토론이 화두가 되었다. 뮬러의 견해에 따르면 그의 윤리적 발전은『나를 따르라』로부터『윤리학』을 거쳐『저항과 복종』까지 "질적인 급격한 변화(qualitative Sprünge)"를 경험하였다고 주장한다. 우선 뮬러는『나를 따르라』의 윤리적 특성을 "교회의 윤리"라고 부른다. 뮬러는『윤리학』을『나를 따르라』와 구별하는데, 그에 따르면『윤리학』의 윤리적 특성은 교회적인 윤리가 아니라, "교회에 대한 일반적이고 구속력 있는 윤리"라고 이해한다. 이런 점에서 뮬러가 평가하는 본회퍼의 윤리의 발전 모습은 '교회의 윤리'에서 '그리스도적인 윤리'의 길로 간주할 수 있다.[17]

다만, 뮬러가 본 본회퍼의 윤리적 사고에 대한 해석에는 한계가 있다. 왜냐하면, 뮐러는 마르크스적인 사고에 입각하여 그것을 연구하였을 뿐만 아니라[18] 그의 윤리적 발전을 초기 생각부터 다루지 못하고 후기 생각을 중심으로, 즉『저항과 복종』으로부터 그것을 평가했기 때문이다.[19]

이에 반하여 존 갓세이(John D. Godsey)는 본회퍼의 신학적인 발전에는 단절이 없고, 동일한 신학의 용감한 작업이 있을 뿐이라고 주장한다.[20] 그는 그리스도론을 본회퍼 신학의 통일적인 요소라고 간주한다. 동일한 방법으로 몰트만(J. Moltmann), 바이스바흐(J. Weissbach), 그리고 베트게는 급격한 변화는 없고, 연속적인 발전이 있음을 주장한다.[21] 에른스트 파일(Ernst Feil)도 그의 책『디트리히 본회퍼의 신학』에서 윤리적 발전 성격을 연속적인 발전과정으로 기술하고 있다.[22] 그는 이를 위해 본회퍼의 그리스도론과 세계이해에 대한 연구의 근거 위에서 본회퍼 신학의 통일성을 연속적인 발전이라는 의미로 제시하고 있다. 티모 라이너 페터스(Tiemo Rainer Peters)도 파일과 비슷하게 본회퍼의 윤리적 성격을 연속적인 확장으로 평가한다.[23] 1980년대에 들어서서 뮐러(G. L. Müller)는 본회퍼의 삶과 저작들 안에 원리적인 계속성이 확고한 출발의 기초가 된다고 주장한다.[24]

간략하게나마 본회퍼의 윤리적 발전에 대한 연구를 살펴보았다. 그러나 이런 연구들이 있음에도 불구하고『나를 따르라』와『윤리학』

사이의 윤리의 발전에 대한 논의가 충분하게 다루어지지 않았다는 것은 아쉬운 점이다. 대부분의 해석은 『윤리학』에서부터 『저항과 복종』까지의 윤리적 발전을 주로 다루고 있기 때문이다. 비록 소수의 학자들 즉 한프리드 뮐러와 파일처럼 서로 반대적인 입장을 가진 해석자들이 『나를 따르라』와 『윤리학』사이의 윤리적 발전에 대한 질문을 다루었지만 그 후에는 학문적으로 이에 대한 연구들이 활발하게 진행되지 않았다.[25]

따라서 본 논문은 본회퍼의 윤리를 이해하기 위해 『나를 따르라』와 『윤리학』사이의 윤리의 발전 성격을 분석해야 하는 과제를 수행한다. 이런 점에서 이 논문에서는 다음과 같은 질문들이 중요하다. 『나를 따르라』와 『윤리학』사이에서 비교될 수 있는 통일성(공통성)과 지속성을 발견할 수 있는가? 그렇다면, 어떻게 이 윤리적 발전의 성격을 평가할 수 있을까? (질적인 근본 변화, 동일한 발전, 계속적 발전, 아니면 다른 무엇?) 본회퍼가 가지고 있는 윤리적 관심은 무엇인가? 윤리적 발전을 연구하면서 주어진 역사적인 상황 아래서 윤리가 어떤 역할을 하였는가? 그리고 이 연구가 신학적이고 윤리적인 토론의 계속적 발전을 위해 한국 신학과 교회에 어떻게 기여할 수 있는가?

Ⅲ.『나를 따르라』와『윤리학』의 저술의 간략한 역사적 배경

1.『나를 따르라』의 역사적 배경

1930/31년은 본회퍼에게 중요한 시기이다. 그는 장학생으로 미국 유니온 신학교에 있을 때 네 명의 친구-인생 전체에 걸쳐 중요한 역할을 한-를 만나게 된다. 그 중 평화운동자이면서 신학자 프랑스인 장 라세르는 본회퍼의 신학적이고 윤리적인 발전에 깊은 영향을 준다. 그를 통해 본회퍼는 산상수훈과 예수의 평화의 계명, 하나님의 말씀의 구체성에 새로운 강조점을 배운다. 그리고 미국에서 에큐메니컬 운동에 참여하는 사람들과의 만남을 통해 에큐메니컬 운동의 깨어있는 정신을 갖게 된다. 본회퍼는 미국에서 돌아온 후 에큐메니컬 운동과 학문적인 교사로서 교회를 이끌어가는 새로운 책임을 맡는다.

1932/33년 겨울학기에 베를린 대학에서의 "그리스도와 평화"라는 강연에서 본회퍼는 바르셀로나에서 가진 생각과는 다른 사고들을 보여주었다. 바르셀로나에서는 제자도를 율법적인 것이 아닌 선과 악에 대한 질문으로 설명한 것에 반해, 베를린 대학 강연에서는 산상수훈을 가리켜 '그리스도적인 실천으로서 또는 부름으로서 제

자도를 위한 호소'로 이해한다.[26]

1933년은 그에게 『나를 따르라』를 위한 결정적인 배경으로 작용한다.[27] 베트게도 『나를 따르라』의 주제와 기본적인 방향성은 이미 1933년에 완전히 발전되었다고 강조한다. 그래서 그는 이 책을 1933년의 사건에 대한 가장 강력한 대답 중 하나라고 주장한다.[28] 베트게의 부인인 레나테 베트게도 1933년은 본회퍼의 삶이 결정적으로 변화된 시기라고 본다.[29] 이처럼 1933년은 본회퍼에게 『나를 따르라』의 저술을 위한 중요한 시기였다.

1933년 1월은 히틀러가 결정적으로 정권을 잡은 시기이다. 히틀러의 국가사회주의는 집권 초창기부터 교회와 국가의 동일시화 즉 독일민족과 교회를 히틀러화(나치화)하려는 목적을 가졌다. 교회는 히틀러 정권에 대해 거부하든지 받아들이든지 분명한 입장을 취해야만 했다. 본회퍼는 히틀러가 정권을 잡은 그 시기에, 구체적으로 1933년 2월에 "젊은 세대에게 지도자 개념의 변화"[30]라는 주제의 라디오연설을 행하면서, 그 당시 우상화 되어가고 있는 지도자의 개념을 강하게 비판한다. 이런 우상화는 독일사회주의의 지도원리로 왜곡되고 있음을 주장한 본회퍼는 그것을 분명히 거부하고 지도자의 퇴진을 요구한다. 이때부터 나치에 대한 그의 교회투쟁이 본격화된다. 이것은 1930년 초부터 일어난 '독일사회주의를 옹호하는 독일 그리스도인들'의 입장에 대한 분명한 거부였다.

이런 본회퍼의 입장과 노력에도 불구하고, 나치는 유대인들에 대한 극단의 조치를 취한다. 1933년 4월에 공포한 아리안조항이 그것이다. 그는 이런 나치의 전략을 "유대인 문제 앞에서의 교회"[31]라는 논문에서 구체적으로 다루며, 국가와 교회의 관계성에 대해서도 중요한 주장을 하며 정면으로 저항한다. 그에게 나치주의에 저항하는 것은 곧 유대인의 문제를 다루는 것이었다. 그래서 슈트룬크는 나치 제국의 반셈족주의에 저항하는 사람으로서 어떤 입장을 취할 것인가에 대한 방법이 『나를 따르라』를 위한 본회퍼의 사전작업이라고 간주한다.[32] 본회퍼에게 유대인의 문제는 가장 시급하고 중요한 질문이며, 교회투쟁의 적극적인 동인이었다.

히틀러의 국가사회주의는 1933년 9월27일에 실시한 국가적인 전체총회에서, 아리안 조항을 교회의 영역까지 확대한다. 이것은 본회퍼가 교회투쟁으로 나서게되는 결정적인 계기가 된다. 왜냐하면 그의 판단에 따르면, 이것은 신앙고백 상황 그 자체였기 때문이다.

이런 여러가지 상황 속에서 본회퍼는 영국에 독일인들로 구성된 공동체를 목회하기 위해 간다. 그가 영국에 있는 동안, 그가 직접 참여하지는 않았지만 적극적으로 지지의사를 밝힌 바르멘 선언를 위한 회의가 1934년에 부퍼탈 바르멘에서 3일 동안 개최된다. 칼 바르트에 의해 작성된 6개 문항으로 된 선언문이 발표됨으로 고백교회가 탄생하는 계기가 된다. 그에게 중요한 이슈인 유대인 문제가 바르멘 선언에서 직접적으로 다루어지지 않아 아쉬움이 있었지만, 그럼에도 불구하고 그는 바르멘 선언을 높게 평가한다. 그것은 참다운 교회와 거짓교회를 구별하는 것이며, 특별히 독일 그리스도인들과 분명한 차이를 표명하기 때문이다. 이것에 근거해서 본회퍼는 독일 그리스도인들이 더 이상 참다운 교회가 아니라고 주장한다.[33] 또한 이것은 앞으로 전개될 교회투쟁을 위한 중요한 역할을 담당한다.

이 시기에 본회퍼는 에큐메니컬 회의에 참여하면서 에큐메니컬 운동이 독일에서 일어나고 있는 교회투쟁에 어떤 역할을 할 수 있을지를 고민했고, 더욱이 중요한 평화의 문제, 전쟁위험의 문제를 구체적으로 다룬다.

그 후 그는 고백교회의 목회자 후보생들을 위한 세미나를 맡아달라는 고백교회의 요청에 따라 영국에서의 목회사역을 끝내고 독일로 돌아온다. 그는 처음에는 칭스트에서 시작하고 몇 달 후 핑켄발데에서 1937년 9월 게스타포에 의해서 패쇄 될 때까지 고백교회 소속 목회자 후보생을 교육한다. 그는 『나를 따르라』를 이런 교회투쟁이라는 역사적인 배경 속에서 핑켄발데에서 저술한다.[34]

마지막으로 그가 『나를 따르라』를 1933년의 역사적 상황에 대한 응답으로 저술한 역사적 입장에 덧붙여서 당시 신학적인 배경을 간단하게 언급해야 한다. 당시 교회는 신학적으로 위험한 상황에 직면해 있었다. 후기 루터주의가 루터의 칭의 교리를 바르지 않게 사용한 것이다. 여기서 자세한 설명을 할 수는 없지만 결론적으로 말하자면, 이것을 통해 간접적으로 히틀러의 국가사회주의를 돕는 역할을 담당했고, 교회가 교회로서의 정체성을 갖지 못하고, 세속적으로 변질[35]되었다고 보았던 것이다. 이런 위기 앞에서 본회퍼는 잘못 사용된 신학적 개념들에 대한 답을 제시하고자『나를 따르라』를 저술한다.

2.『윤리학』의 역사적 배경

본회퍼는『윤리학』을 1939/1940년부터 1943년 4월에 그가 감옥에 가기까지의 기간 동안 기록한다. 이 시기는 그에게 공모의 시기로 성격지을 수 있다. 공모활동 기간에 그는『윤리학』을 위한 저술을 기획한다.

1938/1939년 사이에 본회퍼는 여러 가지 이유로 고백교회 안에서 점점 더 고립된다. 고백교회는 1938년 히틀러에 대한 선서의 문제에 직면하여 애매한 입장을 취한다. 이런 고백교회의 행동을 베트게는 1938년의 고백교회의 가장 큰 약점이라고 평가한다.[36] 그리고 본회퍼의 군복무 문제도 거기에 한 몫을 한다. 이런 상황들 속에서 그는 독일을 떠나 다시 미국으로 여행하기로 결정한다. 그러나 그는

독일로 1939년 7월에 다시 돌아온다.[37] 이후 그의 삶은 독일 운명과의 밀접한 참여 속에서 정치적인 공모활동을 하는 결정적 단계로 접어든다. 그리고 1939년 말부터 그는 "오스터-도다니 그룹 안에서 히틀러와 그의 시스템에 대한 저항적인 제거의 필요성"[38]을 받아들인다.

본회퍼는 공모 활동을 계속하는 동안 그의 "삶의 과제"[39]인 『윤리학』을 쓰기 시작한다. 그리고 그가 "군사적인(저항적인) 여행"[40]으로 간주하는 여러 나라에 대한 여행을 진행한다. 1942/1943년에는 그의 사상에서 많은 비판과 토론을 야기하는 히틀러 암살공모에 동참하기도 한다. 그러나 이 시도는 실패로 돌아가고, 이 때문에 그는 게스타포에 의해 체포되어 투옥된다.

지금까지 『윤리학』이 쓰인 역사적인 배경을 간략하게 살펴보았다. 이것을 통해 우리는 그의 윤리적인 사고들은 그가 행하고 있는 저항적인 공모활동이라는 역사적인 상황과 긴밀한 연결성을 가지고 있다는 것을 분명히 알 수 있다.

Ⅳ. 『나를 따르라』와 『윤리학』에 나타난 본회퍼 윤리의 발전에 대한 논리-비교 관점에서.

지금까지 『나를 따르라』와 『윤리학』이 쓰인 역사적인 배경을 간략하게 살펴보았다. 신학적-윤리적 구조에 대한 분석 작업[41]은 하지 않았지만, 이제 『나를 따르라』와 『윤리학』에 나타난 윤리적 사고의 발전에 대한 성격을 확인하기 위해, 신학적-윤리적 구조분석을 통해 중요하게 부각된 그의 윤리 이해에 있어서 중요한 대표적인 9가지 요소들을 중심으로 비교하며 전개할 것이다.

1. 교회와 국가의 관계에 대한 이해

교회와 국가의 관계는 본회퍼의 윤리 이해에 있어서 중요한 요소이다. 왜냐하면 교회투쟁과 저항의 시기에 교회와 국가사이의 관계성에 대하여 그가 분명한 입장을 취했기 때문이다. 이것과 관련된 그의 교회와 국가의 이해는 1932년에 발표한 "당신의 나라가 오소서"라는 논문을 통해 알 수 있는데, 그 논문 안에서 그는 '하나님의 나라는 세속주의적이거나 세상을 등지며 사는 것이 아니라, 오히려 '교회와 국가 사이에' 있는 것'이라고 강조한다.[42] 이것을 가지고 그는 "그리스도로부터 시작한 세상에 대한 역동적인 교회의 관계성"[43]이라 부르며 구체화하고 있다.

그리고 1933년 4월에 발표한 논문 "유대인 질문 앞에 직면한 교회"에서 국가와 교회에 대한 관계를 3가지로 서술한다. 첫 번째로 교회는 국가의 합법적인 행동에 대해 질문해야 한다. 두 번째로 교회는 국가에 의해 희생당한 사람들을 잘 보살펴야 한다. 그리고 마지막으로 그 희생자들을 돌볼 뿐 아니라 수레바퀴 그 자체를 멈추게 해야 한다.[44] 이런 생각들은 『나를 따르라』에서 직접적이지는 않지만 동일한 생각의 흐름을 가지고 진행되고 있음을 알 수 있다.

먼저, 『나를 따르라』가 쓰인 역사적인 배경을 통해서 분명히 확인할 수 있으며, 또한 본회퍼가 "보이는 공동체"라는 부분에서 말한 내용을 통해서도 알 수 있다.

> "세상이 교회의 형제를 멸시할 때, 그리스도인은 그를 사랑하고 섬길 것이다. 세상이 그에게 폭력을 행사할 때, 그는 도와주고 고통을 덜어 줄 것이다. 세상이 그를 멸시하고 모독할 때, 그는 형제의 치욕을 가리기 위해 자신의 명예를 줄 것이다…세상이 거짓 속에 숨는다면, 그는 말을 하지 못하는 자를 위해 입을 열 것이고, 진리를 증언할 것이다."[45]

본회퍼는 여기에서 교회와 국가를 서로 적대적인 관계로 설정하지 않고, 서로 밀접하게 연관되어 마주 대하고 있는 관계로 설정하고 있다.[46]

이런 생각은 『윤리학』에서도 드러나는데, 특히 위임이론을 따라 교회와 국가의 관계를 설정한다. 위임이론에 따르면 교회와 국가는 서로 견제하면서(Gegeneinander) 각각의 위임에 서로 제한되어 있음을 보여주고, 서로를 위하며(Füreinander) 함께하는 관계(Miteinander)로 본다.

2. 그리스도 형상의 이해

본회퍼는 『나를 따르라』의 후반부인 "그리스도의 형상"에서 그리스도의 형상을 "인간되신 분의 형상, 십자가에서 죽으신 죽음의 형상, 변화된 분과 부활하신 분의 형상"으로 말한다. 이것과 동일하게 그는 『윤리학』의 한 단편 "형성으로서의 윤리"에서도 "인간이 되신 분, 십자가에서 죽으신 분, 부활하신 분"을 다룬다.

본회퍼에 따르면 이 형상은 우리가 닮아가야 하는 것인데, 우리의 노력을 통해서라기보다는 이미 그리스도가 우리 안에서 행하신 표본(Vorbild)을 따라가는 것이라고 한다. 왜냐하면 "그가 스스로 그 진실한 삶을 우리 안으로 가져오셨기 때문이다. 그래서 우리는 그가 변화시키신 것처럼 변화되고, 그가 행하셨던 것처럼 우리도 행하고, 그가 사랑하셨던 것처럼 우리도 사랑한다"[47]는 것이다. 『윤리학』의 표현으로 하자면, 예수 그리스도의 형상을 닮아가는 것은 어떤 인간적인 노력을 통해서가 아니라, 예수 그리스도의 형상을 그리스도 자신이 우리에게 작동시키신 것이다. 그리스도께서 주도권을 잡으시고, 인간을 그와 함께 동일한 형상으로 만드시길 원하시는 것이다.[48] 두 저작의 이러한 관점은 일관된 연속성을 가지고 있음을 알 수 있게 하고, 또한 이것을 통해 본회퍼에게 그리스도론은 그의 윤리적 생각에서 통일적인 특징을 갖고 있음을 확인할 수 있게 해준다.

3. 유대인 문제의 역할

본회퍼에게 유대인 문제는 그가 윤리적 결단을 할 때 중요한 역할을 한다. 그가 『나를 따르라』를 쓰기 전부터 유대인의 문제는 그에게 있어서 중요한 아젠다였다. 교회투쟁시기에도 유대인문제는 나치주의를 비판하는 첫 번째 동인이었다. 퇴트에 따르면 "본회퍼는 제3제국과의 첫번째 구체적인 갈등을 평화문제로 시작한 것이 아니라, 놀랍게도 유대인문제"로 시작했다[49]고 말한다.

그가 산상수훈 5장을 주해하면서 "형제들"에 대해 다룬다. 그가 생각하는 형제란 공동체 안에만 머무르는 형제가 아닌, 모든 사람을 가리킨다. 이것은 형제가 되신 하나님의 아들 예수 그리스도의 인간됨의 개념을 통해 강조된다. 뮐러(C. R. Müller)의 평가에 따르면

『나를 따르라』에서 본회퍼는 유대인 문제를 "형제를 위한 책임의 관점"에서 강조하고 있다.[50] 뮬러는 형제들을 유대인, 이스라엘백성으로 간주한다. 『나를 따르라』에서 본회퍼는 유대인 문제를 형제를 위한 책임의 질문 안에서 받아들인다.[51] 클라퍼트도 『나를 따르라』에서 말한 "형제에 대한 섬김"은 우선적으로 공동체 밖에 있는 유대형제들을 섬기는 것이라고 주장한다.[52] 『윤리학』의 "유산과 타락"에서도 유대인을 위한 정치적 책임을 위한 그의 활동들은 유대인과 그리스도인 사이에서 뿐만 아니라 유대인과 그리스도 사이의 연대성이라는 점에 그 근거를 둔다.[53] 또한 "자연적 삶"이라는 단편에서도 그당시 히틀러 정부에 의해서 자행된 유대인 탄압 정책에 대해 분명한반대 입장을 표명한다. 이런 생각과 동일하게 베트게가 "본회퍼가활동적으로 정치적 저항의 발걸음을 하게 된 결정적인 주요 동기가제3제국이 유대인에 대한 문제를 다루는 태도였다"[54]고 말한 것은중요한 지적이다.

4. 하나님의 현실성과 세계의 현실성의 관계에 대한 이해

본회퍼는 『나를 따르라』에서 하나님의 현실성과 세계의 현실성의관계에 대해 다룬 내용은 많지 않다. 그리고 세계에 대한 자신의 현실성의 주제는 아직 구체적으로 다루어지지 않았다. 그러나 이것이 『나를 따르라』에서 세계를 부정적으로 본다거나 세계 현실성에 대해 전혀 다루고 있지 않다는 것은 아니다.[55] 왜냐하면 세계는 여기에서 제자도의 공간으로 이해되기 때문이다.[56] 그는 『윤리학』에서 이것을 더 본격적으로 다룬다.

그런데 여기서 언급하고 넘어가야 할 것은 『나를 따르라』와 『윤리학』에서 하나님의 현실성과 세계의 현실성의 이해는 예수 그리스도를 중심으로 진행되는 계속성을 가지고 있다. 또한 계속성에 뿌리를 둔 연속적 발전이라는 측면도 있다는 점도 중요하다. 그것은 『나를 따르라』에 비해 『윤리학』에서 현실 이해가 더 확장되는 것으로 나타나기 때문이다. 『나를 따르라』에서 주로 제자도가 신앙인들에게 제한되어 있고, 즉 세상에 대한 포괄적인 현실적 이해보다는 그리스도 제자도의 공동체가 세상과 다른 모습이어야 함을 강조한다면,[57] 『윤리학』에서는 신적 현실성과 세계 현실성의 개념이 둘이 아니라 하나라는 것을 통해 통합적이고 전체적인 현실 이해로 확장되었으며, 특히 현실성의 이해에서 운동이라는 개념은 현실의 개념이 정적인 개념이 아니라 몰트만의 주장대로 역사로서 현실성의 참여를 의도한다.[58] 더욱이 위임이론(Mandate)을 통해 신앙인들을 전체 현실성 앞에 직면하게 하고, 책임의 장소로서 직업이라는 개념을 통해 한계를 넘어서게 하며,[59] 그리고 그리스도의 다스림의 영역이라는 개념을

통해서는 현실 개념을 통합적으로 바라보게 한다.[60]

5. 특별한 것과 동일한 것(περισσον und το αυτο)의 변증법과 궁극적
   인 것과 궁극 이전의 것의 관계 사이에서의 자연적인 것(Natürliche)
   의 이해

　이 부분의 관심은 『나를 따르라』와 『윤리학』에서 "자연적인 것"을
본회퍼가 어떻게 이해하고 있는가에 있다. 『나를 따르라』에서 그는
'자연적인 것'의 세계를 부정적인 것으로 다루지 않고 "이 땅에서 그
리스도의 몸에 주어진 공간을 차지하려는 교회의 투쟁은 교회의 성
화다"[61]라는 자신의 주장을 근거로 "성도들을 위한 필수적인 통과
단계"로 이해하고 있다.[62] 물론 『나를 따르라』에서 "비범성"과 "자연
적인 것"의 관계가 동일시되거나 서로 분리되지 않고 역동적으로 서
로 마주보는 관계성을 가지고 있는 것은 사실이다.[63] 『나를 따르라』
의 강조점이 교회투쟁의 시기라는 특수성 때문에, 주로 "비범
성"(Außerordentliche)이 다루어지고, 상대적으로 "자연적인 것"은
자세하게 다루어지지 않았다.
　그러나 『윤리학』에서는 '자연적인 것을' '궁극적인 것'과 '궁극 이
전의 것'의 변증법적인 관계를 통해 자세하게 구체화시켰다. 특히,

그는 히틀러 전제 정치의 시기에 자행된 '비자연적인 것'(안락사와 강제불임수술 등)에 대한 윤리적 논쟁을 통해 논의를 심화한다. 그리고 그는 "자연적 삶"이라는 단편에서 예수 그리스도뿐만 아니라 자연적인 삶으로부터 시작하는 '자기목적성과 목적을 위한 수단으로써의 삶'의 윤리적 이해를 도출하게 된다.[64] 여기에서 그는 그동안 개신교 신학에서 소홀히 여겨졌던 "자연적인 것"에 대한 새로운 강조와 구체화를 존재유비(analogia entis)로부터가 아닌 복음으로부터 해석하며 진행한다.[65]

6. 그리스도의 몸 이해

『나를 따르라 』에 따르면, 그리스도의 몸은 제자들이 예수 그리스도의 부름을 들을 수 있는 곳이며 또한 예수 그리스도가 현존하는 장소이다.

"그리스도의 몸은 공동체이다. 예수 그리스도는 그분(Er) 자신이시며 동시에 그 공동체이시다(고전 12:12). 예수 그리스도는 오순절 이후로 이 땅에서 그 몸 즉 공동체의 형태 안에서 사신다. 여기에 그의 몸은 십자가에 못 박히신 분으로, 부활하신 분

으로 있고, 또한 받아들여진 인간성으로 있다. 그리스도 안에
있다는 것은 그래서, 공동체 안에 있는 것이다. 우리가 공동체
안에 있을때, 우리는 또한 진실하고 육체적으로 예수 그리스도
안에 있다."[66]

『나를 따르라 』에서 본회퍼는 우선 공동체와 그리스도 사이에 동일성을 강조한다.『윤리학』 안에서도 하나님이 예수 그리스도의 몸 안에서 전체 인간과 함께 하나가 되고 계실 뿐만 아니라 또한 전체 인간을 받아들이신다.『나를 따르라 』에서 그리스도의 몸은 땅 위에서 공간을 취하고 있다. 무엇보다도 그리스도의 인간됨 안에서 땅 위에 자신의 공간을 요구하신다고 그는 주장한다. "그리스도의 몸은 말씀과 성례전을 통하여 땅 위의 유일한 한 장소에만 더 이상 매여 있는 것이 아니라, 부활하시고 고양되신 그리스도는 세상과 가까이 있다. 그리스도의 몸은 공동체의 형태로, 세상 가운데로 밀고 들어간다."[67] 여기에『나를 따르라 』와『윤리학』사이에 공통점이 있다.

그러나 강조점에는 차이가 있다. 그는『나를 따르라 』에서 세상의 현실에 대한 논의를 하였지만, 예수 그리스도 몸 안에서 제자들의 공동체가 세상과 다름에 그 강조점을 두었다면,[68]『윤리학』에서는 "위임 이론"과 "대리"의 개념을 통해서 그리스도의 몸이 세상과 갖는 관계성을 더 구체화하고, 전체 인간(세계)으로 확대한다.[69]

7. 율법과 복음의 관계

'율법과 복음'의 관계는 본회퍼의 윤리를 위해 중요하다. 전통적으로 '율법과 복음'의 순서배열에 대한 이견이 있다. 알트하우스나 엘러트는 루터가 고정적으로 사용한 것처럼 '율법과 복음'의 순서를 따른다. 이에 반해 칼 바르트는 순서를 바꾸어 '복음과 율법'을 말한다. 본회퍼에게는 이런 배열순서가 중요하지 않다. 오히려 "예수 그리스도의 인간됨의 비밀로부터 나온 은혜로운 계명 안에서 '율법과 복음'은 살아있고, 또 서로 다른 것이 서로 맞물려 있음을 강조한다."[70] 『나를 따르라』에서 그는 '값비싼 은혜'와 '값싼 은혜'의 관점 안에서 '율법과 복음'의 관계성을 다룬다. '값비싼 은혜'는 제자도가 포함된 은혜이다. 그렇기에 율법 없는 복음은 결코 생각할 수 없다. 그 반대도 마찬가지다. 제자도는 이런 의미에서 당시의 교회투쟁의 배경 하에서 율법과 복음, 또는 신앙과 복종을 실행하는 시도라고 평가할 수 있다.

그는 '복음과 율법', 신앙과 복종의 연결을 개신교적인 윤리의 근본적인 요소임을 유명한 문구를 통해 강조한다. "단지 믿는 자는 순종하는 자이고, 단지 순종하는 자는 믿는 자이다."[71] 이것을 통해 그에게 '율법과 복음"은 나누어지지 않는 통일성을 가지고 있는 것이지, 잘못된 동일시를 의미하지 않는다. 크리스티안 티츠는 이 문구를 "신앙과 순종의 실존적인 순환"[72]이라고 해석한다. 이 말은 이 순환을 통해서 순환결론을 추론할 수 있는 것을 말하는 것이 아니라, 실존 안에서 두 가지의 조건들이 동시적인 완성을 이루는 것을 의미한다.

율법과 복음의 관계는 『나를 따르라』에서와 마찬가지로 『윤리학』에서도 잘못된, 동일시 없는 통일성을 강조한다.[73] 그러나 『나를 따르라』에 비해 『윤리학』에서는 연속적인 발전이 보인다. 본회퍼가 『나를 따르라』에서 율법과 복음의 관계를 통해 지키고자 한 것은 당시 시대적인 흐름 앞에서 교회와 신앙인을 보호하고자 하는 의도였다. 왜냐하면 '값싼 은혜'는 교회투쟁의 역사적인 연관성 안에서 "신에 대한 적대적인 우주의 기능"[74]으로 나치제국을 간접적으로 도울 뿐만 아니라 또한 이것의 "잘못된 사용은 그의 본질에 대한 완전한 파괴로 귀결될 수 있기"[75] 때문이다. 그래서 무엇보다도 교회를 세상 안에서 보호하는 것이 중요했기에 그는 『나를 따르라』에서 주로 신앙인들에게 제한적으로 '율법과 복음'의 관계를 논의한다. 그러나 『윤리학』에서는 예수 그리스도 안에서 드러난 현실성의 이해를 바탕으로 교회와 신앙인들을 향하는 것뿐만 아니라 비신앙인들에게도 유효하게 확장된 생각을 보여준다. "전체 율법과 전체 복음은 동일한 방식으로 모든 인간에게 속한다."[76] 그리고 세상에 대해 교회를 통한 예수 그리스도의 선포 안에서, 말하자면 '복음과 율법' 안에서 점점 더 "예수 그리스도의 주권영역의 확장"[77]이 드러난다. 더욱이 『윤리학』에서 율법은 삶을 섬기는 것과 동일시되기도 한다.

8. 양심의 이해

본회퍼는 『나를 따르라』에서 그의 윤리와 신학에서 결정적인 역할을 하는 양심의 개념을 자세하게 다루지는 않는다. 그러나 본회퍼의 박사학위 논문에서부터 강의들, 그리고 세미나 작업(1934)[78]에서 설명한 양심의 이해는 간접적으로 『나를 따르라』에 드러난다. 박사학위 논문에서 그는 인간이 다른 사람의 잘못을 짊어질 수 있다고 생각한다. "그는 양심으로부터 다른 사람의 잘못을 취하는데, 그러나 그가 그것을 다시 그리스도에게 놓으면서 그것을 자신에게 놓는다."[79] 그는 『나를 따르라』에서 또한 "낯선 위험, 다른 사람의 잘못에 참여"[80]하는 것에 대해 말한다. 이 생각을 그는 『윤리학』에서도 다시 받아들인다. "율법으로부터 자유롭게 된 양심은 다른 사람을 위해 다른 사람의 잘못 안으로 들어가는 것을 후회하지 않는다."[81] 그러나 다른 사람의 잘못을 짊어지는 것은 단지 자유로운 양심을 통해서만 가능하다. 자유로운 양심은 나 자신을 나와 함께 그리스도안에서 하나 됨으로 부르신다. 양심의 불일치에서는 아무도 다른 사람의 잘못을 짊어질 수 없다. 단지 예수의 부름을 통해서 인간은 "양심과 죄들의 분리로부터 복종의 단순함"[82]에 도달한다. 그가『나를 따르라 』에서 양심의 개념을『윤리학』에서보다 적게 다루고 있다고 할지라도, 여기에 일관된 연속성이 있다는 것은 분명하다.

  한편 그는『윤리학』에서 그의 양심이해를 분명하게 확장한다. 그는 '참 하나님과 참 인간이신 예수 그리스도가 우리의 실존의 일치점이라면, 양심은 언제나 형식적으로 나의 본래적 존재로부터 나 자신 스스로와 일치로의 부름으로 머물러 있다고 할지라도, 그러나 이 일치점은 더 이상 율법으로 사는 나의 자율성으로의 회귀 안에서 실현되는 것이 아니라, 예수 그리스도와 교제' 속에서 이루어진다고 주장한다.[83] 그는 양심을 관계적으로 이해하고 있는 것이다.[84] 그리고 이런 관계적인 양심의 개념을 그는 삶의 법과의 연관성 안에서 논의를 계속한다. 삶의 법은 그 법을 따름으로 인간이 자신이 예수그리스도 안에서 근거 지워진 통일성을 보존하는 것이다. 그래서 "양심은 또한 자유로운 것에 머물러 있으면서, 삶의 법의 위반을 경고하는 것으로 머물러 있다."[85] 이 삶의 법은 십계명과 산상수훈, 그리고 사도적 권면에서 해석된 하나님 사랑과 이웃 사랑의 법이다.[86] 그리고 이 법은 예수 그리스도이시기에, 양심의 주인이신 예수 그리스도께서 또한 구체적인 책임의 근거, 본질, 그리고 목적이기에, 책임과 양심의 관계를 그는 다음과 같이 말한다. "책임은 양심을 통하여 매어지고, 양심은 책임을 통하여 자유로워진다."[87] 이런 연관성을 『나를 따르라』에서는 자세하게 볼 수 없지만, 『윤리학』에서는 확장되고 있는 것이다.

9. '제자도 윤리'와 '책임의 윤리'[88] 사이의 관계

본회퍼는 『나를 따르라』에서 제자도를 "예수 그리스도의 인격에 묶임(매임)"[89] 으로 정의한다. 제자도의 삶은 예수 그리스도의 대리적인 고난에의 참여와 예수 그리스도의 십자가에 함께한 공동참여를 포함한다. 『윤리학』에서 그는 책임의 윤리를 "예수 그리스도의 삶에 대한 대답으로서 삶"[90] 으로, 그리고 '예수 그리스도 안에서 주어진 현실성에 대한 전체성과 통일성의 대답'으로 정의한다.

그에 따르면 구체적으로 책임의 윤리는 두 가지 축으로 이루어져 있다. 한 축은 대리사상과 현실적합성이라는 생각을 포함한, '함께 하는 사람들과 하나님에게 묶임'이고, 다른 축은 '자신의 삶의 자유'이다. 이것은 삶과 행동의 자기평가와 확실한 결단의 모험 안에서 가시화될 수 있다. 여기서 우리는 제자도의 윤리와 책임의 윤리 사이에서 동일한 관점이 연속되는 것을 발견할 수 있다. 제자도는 예수 그리스도의 인격에 묶임으로써 예수 그리스도의 십자가와 고난에

의 참여를 의미하면서, 그것은 대리적이 되어야 한다는 것이다.[91] 왜냐하면 예수 그리스도의 삶은 그의 제자들의 삶에서 계속 되어야 하기 때문이다.[92] 그는 『나를 따르라』에서와 동일하게 『윤리학』에서도 이런 묶임을 대리사상과 책임적인 삶의 근본적인 구조로서 책임윤리의 컨텍스트 안에서 강조한다.

그러나 이런 관점의 동일성에도 불구하고 그는 상응하는 관점들을 『나를 따르라』보다 『윤리학』에서 계속해서 더 자세하게 다룬다.

그는 '책임의 윤리' 안에서 그리스도론과 교회론, 그리고 윤리학을 신학적으로 함께 볼 수 있게 하고,[93] 인간의 구체적인 실제 상황에 관여하고 있는[94] 대리에 대한 생각을 세계적인 것과 그리스도적인 것의 관계성과 각각의 특별성에 근거한 현실적합성의 관찰을 통하여, 그리고 사실에 대한 행동과 본질적 법칙의 근원적인 내재 안에서 사실적합성에 대한 행동을 통하여 확장한다. 이것으로써 그는 대리의 영역을 『나를 따르라』에서 보다 더 풍성하게 다룬다. 그렇다고 『나를 따르라』 안에서 세계에 대한 대리의 문제를 전혀 다루지 않은 것은 아니다.[95] 인간이 되신 예수 그리스도와 십자가에 달리신 예수님의 관점에 근거하여 대리가 제자도의 근거로서 이해되고 있다.[96] 그러나 『윤리학』처럼 본격적으로 다루지는 않았다. 그가 『나를 따르라』에서는 원래 가지고 있지 않는 생각을 『윤리학』에서 새롭게 발견한 것으로는 보지 않는다. 오히려 강조점의 차이라고 봐야 할 것이

다. 그는 말하길,

"우리가 세계 속에 머물러 있는 목적은 하나님께서 주신 세계의 재화들을 위해서가 아니고, 세상이 돌아가도록 하기 위한 책임을 위해서도 아니다. 오히려 인간이 되신 그리스도의 몸을 위해서, 그 공동체를 위해서이다. 말하자면 그리스도인들은 세계에 반대하여 전면적인 공격을 하기 위해서 세계 안에 있어야 하는 것이다. 또한 그리스도인이 세계 내적인 직업 활동을 하는 것은 전체적으로 그가 세계와 다름을 보여주기 위해서이다."[97]

세계에 대한 온전한 수용보다는 세계에 대한 이해를 충분히 가지고 있지만 『나를 따르라』가 쓰인 시기에는 세계 속에서 제자공동체가 어떻게 달라야 하는지에 대한 강조를 하였다.

그러나 그는 세상에 대한 '책임의 윤리'의 방법을 『윤리학』에서 '죄책을 떠맡음'(Schuldübernahme)이라는 개념을 가지고 구체적으로 확장한다. 비록 그가 『나를 따르라』에서 '죄책을 떠맡음'이라는 표현을 직접으로 사용하지 않고, "다른 사람을 위한 죄를 지는 자"라는 표현을 통해 제자도의 삶을 표현하고 있다고 할지라도,[98] 『윤리학』에서 '죄책을 떠맡음'이라는 개념 아래서, 책임적인 행동 안에서, 그리고 그리스도를 통해 자유롭게 된 양심을 가지고 다른 사람을 위해 낯선 사람의 죄 안으로 들어감을 자신이 취할 수 있는 정점의 각오로 더 확장된 생각을 한다. 이런 생각들은 책임적인 행동을 통하여 직업 의무의 영역을 넘어서게 한다. 정확히 말하자면, 그는 저항 안에서 직업 의무의 경계를 넘어감을 정당화함으로 참여자들의 진정한 목회자가 되었다.[99]

이것을 통해 그의 책임의 윤리는 제자도의 윤리에 비해, 구성적이고 긴장감 있는 묶임과 자유의 연관성의 토대 위에서 드러나는 자기결정의 모험(Wagnis)을 통해 함께하는 사람들과 행동의 영역으로서 세계뿐 만 아니라 다른 삶의 모든 존재까지 포함한 영역까지 확장되며 구체화하고 있다.

결론적으로 요약하자면, 두 저작에 나타난 모든 윤리적 부분들을 다루지는 않았지만, 9가지의 윤리적 요소의 비교를 통해 분명해진 것은 본회퍼에게 윤리적 사고 발전의 성격은『나를 따르라』와『윤리학』사이에 일관된 연속성과 연속적인 발전이 함께 나란히 드러나 있다는 것이다. 그러나 여기서 말하는 연속적 발전성은 한프리드 뮬러가 주장한 "질적인 급격한 변화"를 말하는 것이 아니다. 오히려 압로마이트(Hans-Jürgen Abromeit)가 주장한 것처럼 "변화 속에 있는 연속성"[101] 을 가리킨다.

V. 본회퍼 윤리의 관심과 역할

1) 지금까지 필자는 본회퍼 윤리의 발전의 논리에 대해『나를 따르라』로부터『윤리학』까지 몇 가지 주제를 중심으로 비교하며 살펴보았다. 이것을 통해 일관된 연속성과 연속적인 발전이 있음을 확인할 수 있었다. 그러면서 이 연구를 통해 다음과 같은 질문이 제기된다. 어떻게 이런 두 관점의 공존을 설명할 수 있으며, 이해할 수 있는가? 왜 그것은 그렇게 존재하는가? 이 질문들은 본회퍼가 가지고 있는 윤리적 관심이 무엇인지를 살펴보면 알 수 있다.

그의 윤리적 관심은 두 권의 저작에서 제기한 그의 질문들을 통해 추적해 볼 수 있는데,『나를 따르라』서문에서 그는 다음과 같이 질문한다. "예수 그리스도를 따르라는 부르심은 노동자, 상인, 농부, 군인들을 위해 오늘 무엇을 의미하는가?"[102] 그리고『윤리학』에서는 이렇게 질문한다. "그리스도는 오늘 그리고 여기(heute und hier) 우리 가운데서 어떤 형상을 취하고 있는가?"[103]

이 두 저작에 나타난 질문을 근거로 그의 윤리적 관심을 파악하기 위한 첫 번째 출발점은 "오늘 그리고 여기"라는 개념을 이해하는 것이다. 이것은 그에게 "결단과 만남의 영역"이다.[104] 구체적으로 말하자면, 그에게 교회투쟁 안에서 결단의 영역은 외부적으로는 히틀러의 권력 장악으로 인한 교회의 위협, 국가와 함께 교회의 위협적인 동일화 작업에 직면하는 것이며, 내부적으로는 루터로부터 강조된 칭의의 교리가 후기 루터주의에 의해 오용되고 있는 위협 앞에 서는 것이다.『윤리학』안에서도 결단의 영역은 독일 사회주의와 히틀러 정권에 반대하여 독일의 운명에 동참하는 것이다.

여기서 우리가 분명하게 먼저 확인할 수 있는 것은 그의 윤리적 관심은 직접적으로 그의 삶의 역사와 시대 상황과 긴밀한 연결성을 갖고 있다는 것이다. 이 관심은『나를 따르라』나『윤리학』에서 몇 가지 계속성에도 불구하고 다른 강조점을 가지고 표현된다. 그러나 분명한 것은 각각의 상황에 대해 상대적인 순응의 윤리를 말하는 것이 아니다.[105] 왜냐하면 그의 윤리적 관심은 당연하게도 예수 그리스도를 지향하고 있기 때문이다. 예수 그리스도에게 큰 가치를 두고 있다는 것은『나를 따르라』에서는 다음을 의미한다. "제자도의 가능성의 영역은 인간이 되시고, 십자가에 죽으신, 그리고 부활하신 분과의 일치 안에서 교회의 동일화(나치화) 뿐만 아니라 후기루터주의가 잘못 사용한 칭의교리의 위협 앞에 직면하는 것이다."

그래서 그는 이 시기에 교회와 신앙인의 정체성을 세계와 비신앙인의 정체성보다 더 강조한다. 그러나 그는『윤리학』에서 인간이 되시고, 죽으시고, 부활하신 분과의 일치를 포함한 현실성의 이해를 바탕으로 책임의 영역을 교회와 신앙인의 영역을 넘어 확장한다. 이처럼 그의 윤리적 관심은 그리스도로부터 구체화하고 있다는 것이 분명하다. 그래서 이 시점에서 다음의 질문이 제기된다. 두 경우에서처럼 본회퍼의 윤리적 관심이 예수 그리스도로부터 시작한다면 왜 『나를 따르라 』와 『윤리학』사이에 차이점이 존재 하는가? 역사적인 상황이 다르기 때문인가? 아니면 다른 이유가 있는가?

이 질문에 대해서는 본회퍼가 가지고 있는 하나님에 대한 이해가 중요한 방향성을 줄 것이다. 그에게 예수 그리스도 안에서 계시된 하나님은 "언제나 다름 아닌 오늘의 하나님('immer' gerade 'heute' Gott)"[106]이다. 하나님은 어떤 정해진 형상으로 결정될 수 없고, 하나님은 역사를, 말하자면 현재적 상황을 스스로 취하신다는 것이다.[107] 그래서 "오늘의 하나님"이라는 말에서 하나님은 현재적 상황에 매우 깊이 연결되어 있다는 것을 가리키며, 가장 구체적인 방법으로 우리에게 말씀하신다는 것을 의미한다. 그래서 교회는 언제나 참인 원리를 선포하는 것이 아니라, 오늘 참인 계명들을 선포해야 한다는 것이다. 왜냐하면 그에 의하면 "언제나 참인 것이 오늘 참이 아닐 수 있기 때문이다."[108] 또한 그에게 신앙은 언제나 특정한 구체성을 요구하기 때문이다.

이런 의미에서 예수 그리스도 안에서 계시된 하나님의 계명의 구체성은 그의 역사성으로부터 근거 지워진다고 말할 수 있다. "하나님의 계명은 역사적인 형태로 우리를 만난다."[109] 그래서 그의 윤리적 관심은 분명하게 심성의 윤리와 의무론자로서의 칸트 윤리와는 반대 입장에 서 있는 것이다.[110]

이런 연관 속에서 "오늘의 하나님"으로서 하나님은 『나를 따르라』로부터 『윤리학』의 길을 가셨다.

"하나님의 길은 하나님이 스스로 가신 길이며, 우리가 그와 함께 가야하는 길이다. 하나님은 자신이 가보지 않고, 먼저 가시지 않는 길로는 우리를 초대하시 않으신다. 하나님께서 가신 길은 하나님께서 여신 길이요, 보호된 길이다. 그래서 그것은 실제적으로 그의 길이다." [111]

『나를 따르라』와 『윤리학』를 통해 본회퍼는 바로 하나님의 길을 따라간 것이다. 이런 점에서 일관된 연속성과 연속적인 발전성의 관점이 함께 공존할 수 있다. 왜냐하면 하나님은 '오늘 그리고 여기서' 구체적이시기 때문이다.

2) 이런 이해를 통해 본회퍼의 신학적, 윤리적 사고에서 윤리가 어떤 역할을 하는지를 간략하게 살펴보고자 한다. 그가 이해하는 윤리

는 "함께 살아가는 것을 배우는 것"[112]이다. 교회투쟁 시기에 쓰인 『나를 따르라』에서는 히틀러가 정권을 잡은 후 벌어지는 일련의 역사적 상황 앞에서, 신학적으로는 값싼 은혜로 인해 교회공동체로서의 본질을 잃어가고 있는 독일교회 앞에서 유대인들과 교회공동체, 그리스도인들이 어떻게 해야 함께 살아갈 수 있을지 고민한다.

그리고 1939년부터 그는 저항 안에서 함께 살아가는 것을 배우기 위해 독일의 운명에 참여하기를 시도한다. 특별히 그에게 "자신의 민족과 땅에 대해 지울 수 없이 느끼는 묶임(매임)으로서의 애국심"[113]이 미국에서 다시 독일로 귀국하여 저항운동에 참여하게 되는 중요한 동기가 된다. 이런 배경 하에서 그는 『윤리학』을 저술하고, 특별히 함께 사는 것을 위해 현실성의 개념과 함께 사는 삶의 개념을 가지고 사고의 깊이를 더하고 있다. 또한 나치 정권이 발표한 "유전적인 병이 있는 후손들의 방지를 위한 법"이 결국에는 안락사 프로그램으로까지 진행하는데, 1942년까지 정신적으로 아픈 사람들 천 명을 살해하는 상황[114] 앞에서 그는 연약한 사람들과 함께 살아가는 것을 위해 '자연적인 것'을 복음으로부터, 그리고 나치 정권의 이데올로기에 대한 논쟁을 통해 새롭게 발견하기를 시도한다. 여기에 그가 생각하고 실천했던 모든 면을 기록할 수는 없다. 그러나 그가 두 저작을 저술하는 격동적인 역사적 상황 속에서 '함께 사는 것을 배우며 살아왔다는 것'은 분명하다.

VI. 결론을 대신하여 – 한국적인 상황에서 본회퍼 윤리 의 의미를 간략하게 언급하며…

1) 본회퍼의 윤리적 사고의 발전은『나를 따르라 』와『윤리학』안에서 일관된 연속성과 연속적인 발전이 함께 공존하고 있음을 확인하였다. 이런 '함께 공존함'의 이유는 그의 윤리적 관심을 연구함으로 분명해졌다. 이것은 현재적 상황을 주목함과 동시에 예수 그리스도안에서 계시된 오늘의 하나님에 대한 생각을 통합적인 연관성 안에서 함께 살펴봄으로써 구체화 되었다. 더 자세히 말하자면, 그의 윤리적 관심은 확고한 추상적인 원리나 단순한 상황분석으로부터 출발하는 것이 아니라 스스로 현재적 상황과 깊게 연대하신 예수 그리스도 안에서 계시된 하나님으로부터라는 사실이다.[115] 이런 두 가지 연관성은 교회 투쟁시기와 공모시기에 그가 전체적인 삶의 영역 안에서 함께 사는 법[116]을 실천할 때 중요한 역할을 담당했다. 물론 이런 생각은 "저항과 복종"안에서도 다음의 질문을 다시 제기하며 계속적으로 진행하고 있음을 확인할 수 있다. "오늘 우리를 위해 그리스도는 실제적으로 누구인가?"[117]

2) 한국에서 본회퍼의 윤리에 대한 논의는 지금까지 대부분 민중
신학이나 평화윤리를 중심으로 진행되었다. 이것이 한국교회
의 신학과 윤리발전에 크게 기여한 것은 부인할 수 없는 사실이
다. 특히 평화윤리는 분단 상황 가운데 있는 한국에서는 아직도
중요한 신학적인 물음임에 틀림없다. 더 넓게는 동북아시아의
상황과 전세계적 상황 속에서도 본회퍼의 평화윤리는 아직도
중요한 신학적인 아젠다이다.[118]

3) 그러나 이 논문에서 밝힌 것처럼 한국적인 현재 상황을 주목하
고 동시에 예수 그리스도 안에서 계시된 오늘의 하나님에 대한
생각을 통합적인 연관성 속에서 함께 살펴본다면 오늘날 한국
교회에 필요한 모습은 어떤 모습일까? 하는 질문을 제기하지
않을 수 없다. 아니, 다르게 질문해 본다면 '오늘 그리고 여기,
한국교회 안에서 예수 그리스도는 어떤 모습을 취하고 계실
까?' 여기에 대해서 학자들마다 다양한 의견이 존재할 것이다.
필자의 의견으로는 본회퍼가 『나를 따르라』와 『윤리학』에서 강
조하였던 부분들이 모두 한국교회에 절대적으로 필요하다.

　현 한국적 상황이 『나를 따르라』의 역사적이고 정치적인 배경
과는 다르지만, 신학적인 상황에서는 거의 동일하다고 봐도 무
방할 정도이다. 값싼 은혜가 판을 치고, 교회의 세상화가 급속

도로 진행되고 있는 현실이기 때문이다. 나치 제국 앞에서 가장 무력하게 있었던 독일교회처럼 한국교회도 어느때보다 무력한 상태에 있다. 그렇기에 오늘 여기서 예수 그리스도는 어떤 모습을 취할까? 라는 질문에 자연스럽게, 이렇게 답할 수밖에 없을 것이다. 한국교회가 다시 한 번 그리스도의 몸인 공동체로서 본질을 회복하는 것이다. 그래서 예수 그리스도께서 걸으신 길을 진지하게 걸어가는 값비싼 제자도의 신앙을 다시 회복하는 것이다. 한국교회가 회복해야 할 값비싼 제자도는 구체적으로 신앙과 복종(순종), 칭의와 제자도, 그리고 은혜와 행동(삶)의 밀접한 통일성을 의미한다.

그리고 그가『윤리학』에서 중요하게 다룬 '책임'이라는 사상을 다시 한국교회가 붙잡아야 한다. 그동안 그의 윤리이해에 중요한 개념인 '책임의 윤리'가 한국 신학자들에 의해 자세하게 다루어지지 않은 아쉬움을 뒤로 하고 그가 '책임' 사상을 통해 드러내고자 했던 것을 고민해야 한다. '본회퍼의 책임'은 오늘 여기서 모습을 취하시는 예수 그리스도의 부름 앞에 응답하는 것이다. 책임은 묶임(매임)과 자유의 구조인데, 묶임은 대리와 현실적합성으로, 자유는 다른 사람의 삶을 수용하고 또 구체적인 상황에서는 결단해야 하는 것으로 구성된다. 이것을 이렇게도 말할 수 있다. 책임의 내용은 사랑이고, 형태는 자유

이다.[119]

　이런 책임(책임의 윤리)을 한 마디로 한다면 다른 사람을 위한 사랑과 책임이다. 다른 사람을 위한 삶을 말한다. 오늘날 한국교회에 절대적으로 필요한 것은 다른 사람을 위한 교회의 본질을 회복하는 것이다. 가난하고 힘없는 약자나 민중을 위해 알량한 동정심을 베푸는 정도의 교회가 아니라 타자를 위한 교회의 본질성을 예수 그리스도의 삶과 형상을 통해 구체화한 '책임'의 사상을 통해 배워야 한다. 이것은 그가 1944년 8월에 감옥에서 작성한 "연구를 위한 기획"에서 말한 것과도 동일하다. 앞으로 "교회는 다른 사람을 위해 거기에 있을 때만 교회이다."[120]

　본회퍼의 순교 70주년을 맞이하고 있는 우리에게, 세월호 참사 이후 한국교회가 나아가야 할 방향을 고민하고 있는 우리에게, 신앙과 행동의 통일성을 통한 제자도의 회복과[121] 타자를 위한 삶의 책임은 오늘 여기에서 예수 그리스도가 취하신 모습일 것이다.

註

1) 이 글은 강안일, 『나를 따르라』에서 『윤리학』까지: 본회퍼에게 있어서 윤리적 사고의 발전에 대한 소고", 『기독교사회윤리』 32(2015), 7-54을 수정한 것이다. 자세한 논의는 필자가 2008년 독일 복흠대학에 제출한 박사학위 논문을 참고하라. Kang. An Il, Von der "Nachfolge" zur "Ethik" der Verantwortung. Die Bedeutung der ethischen Konzeptionen Dietrich Bonhoeffers für die Theologie und Kirche in Südkorea(Münster: Lit verlag, 2014).

2) 본회퍼는 1906년 2월 4일에 독일 브레슬라우(Breslau, 현재 폴란드 도시)에서 쌍둥이로 태어났다. 8형제중에 6번째로 태어난 본회퍼는 1912년에 베를린으로 이사 한다. 그 후 그곳에서 성장하고, 공부하였다. 그리고 1943년 체포된 이후 1945년 4월 9일에 플로센뷔르크(Flossenbürg)에서 그의 짧은 생을 마감하였다. 그의 생애와 신앙, 신학에 대한 포괄적인 안내서로는 Eberhard Bethge, Dietrich Bonhoeffer(Gütersloh: Gütersloher Verlagshaus, 2005). 이후로 "DB"라고 표시하고, 이 논문에서 인용된 페이지는 독일원서 페이지이다. 이 책은 최근에 한국어로 번역되었다. 에베하르트 베트게 / 김순현 역, 『디트리히 본회퍼』(서울: 복 있는 사람, 2014); Ferdinand Schlingensiepen, Dietrich Bonhoeffer1906-1945. Eine Biographie(München: C.H.Beck, 2005); 번역서로는, 에릭 메택시스, 『디트리히 본회퍼』, 김순현 역(서울: 포이에마, 2011); Sabine Dramm, Dietrich Bonhoffer : eine Einführung in sein Denken, 『본회퍼를 만나다』, 김홍진 역(서울: 대한기독교서회, 2013); 존 D. 갓시, 『디트리히 본회퍼의 신학』, 유석성. 김성복 역(서울: 대한기독교서회, 2006); 그리고 다음의 책을 참고하라. 고재길, 『본회퍼, 한국교회에 말하다』(서울: 케노시스, 2012); 박봉랑, 『기독교의 비종교화』(서울: 대한기독교서회, 1980); 이형기, 『본회퍼의 신학사상』(서울: 장로회신학대학출판부, 1991).

3) 이것을 위해 다음의 책들을 참고하라. Michael Klein, "Märtyrer im vollen Sinne Wortes. Das Bild Dietrich Bonhoeffers im frühen Gedenken der kirchlichen und politischen Öffentlichkeit", in: EvTh. 67. Jg., Heft 6, 432; W. Huber, Dietrich Bonhoeffer - ein evangelischer Heiliger, in: Evangelische Kirche in Deutschland(EKD) im Internet, 2006.

4) Heinz Eduard Tödt, "Judendiskriminierung 1933-Ernstfall für Bonhoeffers Ethik", in:

Eberhard Bethge, Christian Gremmels, u.a., Ethik im Ernstfall. Dietrich Bonhoeffers Stellung zu den Juden und ihre Aktualität, (München: Chr. Kaiser, 1982) (Internationales Bonhoeffer Forum 4), 154.

5) M. Honecker, "Christologie und Ethik. Zur Dietrich Bonhoeffers Ethik", hg. v. Manfred Oemig u. Axel Graupner, Altes Testament und christliche Verkündigung(Stuttgart u. a.: Kohlhammer, 1987), 148.

6)본회퍼의 교수자격 논문 "Akt und sein", 강의들 ("교회의 본질" "창조와 타락", "그리스도론") 과 『신도의 공동생활』은 윤리에 대해 직접적으로나 간접적으로 언급함과 동시에 긴밀한 신학적 연결성을 가지고 있음에도 불구하고 이곳에서는 다루지 않았다.

7) Dietrich Bonhoeffer, Dietrich Bonhoeffer Werke, hg. v. E. Bethge, E. Feil, Chr. Gremmels, W. Huber, H. Pfeifer, A. Schönherr, H. E. Tödt, I. Tödt, München 1986-1991(Gütersloh: Gütersloher Verlagshaus, 1992-1999). 이후부터는 본회퍼의 전집의 표시를 'DBW'로 사용한다. DBW 1, "Sanctorum Communio"『성도의 교제』, 유석성, 이신건 역(서울: 대한기독교서회, 2010). 본 논문에서 인용되는 페이지는 독일 원서의 페이지이다. DBW 1, 앞의 책, 99. 본회퍼는 그의 박사학위 논문에서 대리개념을 윤리적인 개념으로 사용하지 않고 신학적인 개념으로 사용하고 있지만, 필자가 보기에는 이미 그 안에 윤리적인 개념을 내포하고 있다.

8) DBW 10, 앞의 책, 323-345.

9) DBW 1, 앞의 책, 319; 다음을 참고. T. R. Peters, Die Präsenz des Politischen in der Theologie Dietrich Bonhoeffers. Eine historische Untersuchung in systematischer Absicht(Systematische Beiträge 18)(München: Chr.Kaiser, 1976), 33-36.

10) DBW 11, 앞의 책, 327-344.

11) C. Tietz-Steiding, "Gott ist uns immer gerade heute Gott", in: Bonhoeffer-Rundbrief(Nr. 70/2003), 16.

12) H.E Tödt, Theologische Perspektiven nach Dietrich Bonhoeffer(München: Chr. Kaiser, 1988), 86-87.

13) DBW 12, 앞의 책, 350.

14) DBW 4, 앞의 책, 38 : 본회퍼는 스스로 "하나의 인식은 그 안에서 인식을 얻게 되는

그 실존으로부터 분리되지 않는다고" 말한다.

15) Christian Gremmels/Hans Pfeifer, Theologie und Biographie. Zum Beispiel Dietrich Bonhoeffer(München: Chr.Kaiser, 1983), 11; 참조하라. Traugott Jähnichen, "Freie Verantwortlichkeit und Zivilcourage", in: Dietrich Bonhoeffer-Stationen und Motiv auf dem Weg in den politischen Widerstand, hg. v. Günter Brakelmann, u.a.(Münster: Lit Verlag, 2005), 89-109; Christoph. Strohm, Theologische Ethik im Kampf gegen den Nationalsozialismus. Der Weg Dietrich Bonhoeffers mit den Juristen Hans von Dohnanyi und Gehard Leibholz in den Widerstand(München: Chr. Kaiser, 1989); H.E. Tödt, Theologische Perspektiven nach Dietrich Bonhoeffer(München: Chr. Kaiser, 1988), 77-111; Michael Weinrich, Christliche Religion in einer „mündig gewordenen Welt". Theologische Überlegungen zu einer Anfrage Dietrich Bonhoeffers in weiter- führender Absicht(Religionspädagogik heute Band 11)(Aachen,1982), 7; 압로마이트 는 단지 동시적으로 역사적이면서 조직적인, 전기적이면서 사회적인, 그리고 정치적 인 뿌리내림과 결과를 주목하는 해석은 사실적이라고 한다. H.-J. Abromeit, Das Geheimnis Christi. Dietrich Bonhoeffers erfahrungsbezogene Christologie(Neukirchener Beiträger zur systematischen Theologie 8) (Neukirchen-Vluyn: Neukirchener Verlag , 1991), 33.

16) Friedrich Johannsen, "Verantwortliches Handeln in konkreter Zeit. Zu Bonhoeffers Ethikentwurf", in: Ulrich Becker(Hg.), Dietrich Bonhoeffer als Provokation für heute(Hannover: Lutherhaus Verlag, 1986), 18.

17) H. Müller, Von der Kirche zur Welt. Ein Beitrag zu der Beziehung des Wortes Gottes auf die societas in Dietrich Bonhoeffers theologischer Entwicklung(Leipzig: Koehler&Amelang, 1966), 45.

18) Jürgen Weissbach, Christologie und Ethik bei Dietrich Bonhoeffer(München: Chr. Kaiser, 1966), 7; 이런 견해에 반대하고 있는 판그리츠에 따르면, 뮐러는 마르크스적 인 관점으로 본회퍼를 해석하지 않았다고 본다. A. Pangritz, Dietrich Bonhoeffers Forderung einer Arkandisziplin- eine unerledigte Anfrage an Kirche und Theologie (Pahl- Rugenstein- Hochschulschriften Gesellschafts- und Naturwissenschaften

259)(Köln: Pahl- Rugenstein, 1988), 32-39.

19) J. Dinger, Auslegung, Aktualisierung und Vereinnahmung. Das Spektrum der deutschsprachigen Bonhoeffer-Interpretation in den 50er Jahren(Neukirchener-Vluyn: Neukirchener Verlag, 1998), 186.

20) John D. Godsey, The Theology of Dietrich Bonhoeffer(Philadelphia, 1960), 27, 264: "the writer must now disclose his own conviction that the last development in Bonhoeffer's theology, while indeed unexpected, does in no sense represent an break with the theology of the former periods, but rather a bold consummation of the same"

21) J. Moltmann, Herrschaft Christi und soziale Wirklichkeit nach Dietrich Bonhoeffer(Theologische Existenz Heute) (München, 1959), 5, 32; Jürgen Weissbach, 앞의 책, 7; E. Bethge, DB, 앞의 책, 246-250, 760-862, 958-968.

22) Ernst Feil, Die Theologie Dietrich Bonhoeffers, 2.Auflage.(München: Chr. Kaiser, 1971), 214.

23) T. R. Peters, 앞의 책, 84-90.

24) G.L. Müller, Für Andere Da. Christus-Kirche-Gott in Bonhoeffers Sicht der mündig gewordenen Welt(Paderborn: Verlag Bonifacius, 1980), 23-33; 1990년대와 2000년대에 발간된 본회퍼 신학의 발전에 대한 논의는 위에서 논의한 흐름과 크게 다르지 않아 생략하였다.

25) 페터 뫼져가 본회퍼의 양심개념을 중심으로 본회퍼 윤리의 발전을 논의한 것 외에는 거의 찾아 볼 수 없다. Peter Möser, Gewissenspraxis und Gewissenstheorie bei Dietrich Bonhoeffer(Heidelberg, 1983), 442; 최근에 플로리안 슈미츠는 본회퍼의 윤리적 발전 성격을 『나를 따르라』와 『윤리학』사이에 나타난 세계이해와 그리스도를 통한 세계의 화해에 대한 이해를 근거로 통일적이라고 주장한다. Florian schmitz, Nachfolge. Zur Theologie Dietrich Bonhoeffers(Goettingen: Vandehoeck&Ruprecht, 2013), 191.

26) DBW 10, 앞의 책, 323-345; 참조하라. Bertold Klappert, „Weg und Wende Dietrich Bonhoeffers in der Israelfrage", in: Ethik im Ernstfall: Dietrich Bonhoeffers Stellung zu d. Juden u. ihre Aktualität, hg. v. W. Huber u. Ilse Tödt(München: Chr. Kaiser, 1982)(IBF 4), 100-105.

27) Strunk, Reiner, Nachfolge Christi: Erinnerungen an einer evangelischen Provokation(München: Chr. Kaiser, 1981), 190-201참조.

28) E. Bethge, BD, 앞의 책, 523-525.

29) Renate Bethge, Dietrich Bonhoeffer(Gütersloh: Gütersloher Verlagshaus, 2004), 24.

30) DBW 12, 앞의 책, 240-242.

31) 위의 책, 350.

32) Strunk, Reiner, 앞의 책, 197ff.

33) DBW 14, 앞의 책, 131; Rainer Mayer, Was wollte Dietrich Bonhoeffer in Fanö?, (Theologische Beiträge 19.1988), 79.

34) 피터 짐멀링은 『나를 따르라』를 고백교회의 행동을 위한 구체적인 시금석으로서 산상수훈을 해석하기 위한 시도로 설명한다. Peter Zimmerling, Bonhoeffer als Praktischer Theologie(Göttingen: Vandenhoeck&Ruprecht, 2006), 68.

35) 참조하라. Strunk, Reiner, 앞의 책, 206.

36) E. Bethge, 앞의 책, 673.

37) 두번째 미국여행에서 곧 바로 독일로 돌아오게 된 배경을 이해하기 위해서는 다음을 참조하라. Traugott Jähnichen, "Freie Verantwortlichkeit und Zivilcourage", 앞의 책, 93.

38) G. Brakelmann, „Dietrich Bonhoeffers Tätigkeit in der Konspiration 1939-1945", in: Dietrich Bonhoeffer-Stationen und Motiv auf dem Weg in den politischen Widerstand, hg. v. Günter Brakelmann, u. a.(Münster: Lit Verlag, 2005), 112.

39) E. Bethge, 앞의 책, 804.

40) DBW 16, 앞의 책, 127.

41) 자세한 분석은 나의 학위논문을 참고하기 바란다. An il kang, 앞의 책, 36-86, 137-

42) DBW 12, 앞의 책, 273.

43) 위의 글, 264-278; 슈토름은 본회퍼가 하나님 나라의 개념을 근거로 서로 대면하는 관계성 안에서 서로 동등한 권리의 공존으로서의 교회와 국가의 관계로 귀결하고 있다고 주장한다. Christoph Strohm, 앞의 책, 49.

44) DBW 12, 앞의 책, 352-354.

45) DBW 4, 앞의 책, 252-253;『나를 따르라』, 본회퍼 지음/손규태, 이신건 역(서울: 대한기독교서회, 2010), 298.

46) 본회퍼는 국가와 교회 공동체간의 대립적인 관계성을 말한다. "이 세상 안에서 그리스도의 몸에 의해 요구되고 접수된 예배와 교회 직무와 시민 생활의 영역이 세상의 영역 요구와 충돌할 때, 한계선은 분명히 드러난다. 한계선은 양편에서 동시에 드러난다. 교회 편에서는 그리스도에 대한 신앙을 공개적으로 분명히 고백할 필요가 있을 때요, 그리고 세상 편에서는 현명하게 물러서거나 폭력을 행사할 때다. 후자의 경우에 그리스도인은 공개적으로 고난을 받는다." 디트리히 본회퍼,『나를 따르라』, 앞의 책, 309.

47) 위의 책, 303.

48) DBW 6, 앞의 책, 80-81.

49) H. E. Tödt, 앞의 책, 89.

50) DBW 4, 앞의 책, 124-12; 참조하라. C. R. Müller, Dietrich Bonhoeffers Kampf gegen die nationalsozialistische Verfolgung und Vernichtung der Juden. Bonhoeffers Haltung zur Judenfrage im Vergleich mit Stellungnahme aus der evangelischen Kirche und kreisen des deutschen Widerstandes (Heidelberger Untersuchungen zu Widerstand, Judenverfolgung und Kirchenkampf im Dritten Reich 5) (München: Chr. Kaiser Verlag, 1990), 225-227.

51) C. R. Müller, 앞의 책, 226.

52) Bertold Klappert, 앞의 책, 98.

53) DBW 6, 앞의 책, 95.

54) E. Bethge, "Dietrich Bonhoeffer und Juden", in: Feil Ernst/Tödt Ilse(Hg.) Konsequenzen. Dietrich Bonhoeffers Kirchenverständnis heute(München: Chr. Kaiser Verlag ,1980), 199.

55) 파일은『나를 따르라』안에서 세계 이해는 우선적으로 부정적이라고 주장한다. 그런데 이 부정적인 세계이해는『윤리학』으로 넘어가는 과정 안에서 극복되었다고 생각한다. E. Feil, 앞의 책, 270, 276, 290-313.

56) DBW 4, 앞의 책, 248.

57) 위의 책, 297.

58) DBW 6, 앞의 책, 44; J. Moltmann, 앞의 책, 48.

59) DBW 6, 앞의 책, 292, 294.

60) 위의 책, 347: 참조하라. 베트게는 생각하기를, 그리스도의 주권의 배타성은 『나를 따르라』의 메시지이고, 주권영역의 확장은 『윤리학』의 강조점이라 한다. E. Bethge, DB, 앞의 책, 806; 참고. 갓세이는 이 발전을 다음과 같이 서술한다.: "There can be little doubt that the theology of Bonhoeffer expressed in his Ethik is an fairly direct development of his thought of the earlier periods. Bonhoeffer's former concentration on the exclusive claim of Jesus Christ, which was necessary during the German Church Struggle, led ineluctably to the recognition and exposition of Jesus Christ's total claim upon all spheres of life in the world" John D. Godsey, The Theology of Dietrich Bonhoeffer(Philadelphia, 1960), 203.

61) DBW 4, 앞의 책, 278; "나를 따르라", 앞의 책, 329.

62) DBW 4, 앞의 책, 278; T.R. Peters, 앞의 책, 60.

63) Gunter M. Prüller-Jagenteufel, Befreit zur Verantwortung. Sünde und Versöhung in der Ethik Dietrich Bonhoeffers(Münster: Lit Verlag, 2004), 215: 야겐토이펠은 강조하기를, 본회퍼의 변증법은 세계에 대한 그리스도론적인 집중이다. 이것은 세계를 부정하지 않고, 그러나 세계 속으로 동화되는 것을 또한 부정한다: 하나님과 세계, 인간은 섞이지도 않고, 나누어지도 않음을 의미한다.

64) DBW 6, 앞의 책, 173.

65) 베트게는 본회퍼에게 '자연적인 것'은 가톨릭에서 주장하는 것처럼 존재유비(analogia entis)로 소급되는 것이 아니라, "칭의론과 그리스도론"에 근거한다고 강조한다. E. Bethge, DB, 앞의 책, 807-808; 참고하라, Matthias Neugebauer, "Die theologische Lebensbegriff Dietrich Bonhoeffers", in: Der Wert menschlichen Lebens. Medizinische Ethik bei Karl Bonhoeffer und Dietrich Bonhoeffer (Berlin: Wichern, 2006), 147-165

66) DBW 4, 앞의 책, 232.

67) 위의 책, 254.

68) 위의 책, 233, 297.

69) DBW 6, 앞의 책, 53, 54-61, 392-412; 다음은 『나를 따르라』에서 "그리스도의 몸"의
이해가 예정된 자들의 구원에 제한되어 있는 것에 반해, 『윤리학』에서는 전체 세계로
확장되고 있다고 평가한다. Hans Friedrich Daub, Die Stellvertretung Jesu Christi. Ein
Aspekt des Gott-Mensch-Verhältnisses bei Dietrich Bonhoeffer(Berlin: Lit Verlag,
2006), 469.

70) A. Schödl, Unsere Augen sehen nach dir. Dietrich Bonhoeffer im Kontext einer aszetis-
chen Theologie(Leipzig: Evangelische Verlagsanstalt, 2006), 122; 또한 그것을 위해 참
조하라. 토마스 슈레겔은 율법과 복음'의 관계를 계명과 은혜의 내포적인 이해로서
간주한다. Thomas Schlegel, "Gesetz und Evangelium" - "Evangelium und Gesetz"?
Das discrimen legis et evangeli als Leitgedanke in Dietrich Bonhoeffers "Nachfolge",
in: Ders./ A. Schwarze, Der Kampf um die teure Gnade. Studien zu Dietrich Bonho-
effer(Osnabrück: Der Andere Verlag, 2002), 48.

71) DBW4, 앞의 책, 52.

72) Christiane Tietz, "Nur der Glaubende ist gehorsam, und nur der Gehorsame glaubt.
Beobachtungen zu einem existentiellen Zirkel in Dietrich Bonhoeffers Nachfolg", in:
Dietrich Bonhoeffer Jahrbuch 2 2005/2006 hg. v. Victoria J. Barnett, u.a., 2006, 170-
181.

73) A. Schödl, 앞의 책, 122.

74) P. Gosada, Du sollst keine anderen Götter haben neben mir. Gott und die Götzen in
den Schriften Dietrich Bonhoeffers(Neukirchener Theologische Dissertationen und
Habilitationen 26) (Neukirchen-Vluyn: Neukirchener, 1999), 141.

75) DBW 4, 앞의 책, 37-38.

76) DBW 6, 앞의 책, 359. "율법은 세상에게, 복음은 교회 공동체에게 유효하다는 생각은
받아들일 수 없다. 오히려 율법과 복음은 동일한 방법으로 세상과 교회 공동체에 유
효하다."

77) 위의 책, 347.

78) 이 시기에 대한 양심의 이해를 위해 참조하라. Reinhold Mokrosch, "Das Gewis-
sensverständnis Dietrich Bonhoeffers", in: Bonhoeffer und Luther. Zur Sozialgestalt des

Luthertums in der Moderne(München: Chr.Kaiser, 1983), 58-92.

79) DBW 1, 앞의 책, 126.

80) DBW 4, 앞의 책, 106.

81) DBW 6, 앞의 책, 279.

82) DBW 4, 앞의 책, 67.

83) DBW 6, 앞의 책, 278.

84) Friederike. Barth, Die Wirklichkeit des Guten. Dietrich Bonhoeffers "Ethik" und ihr philosophischer Hintergrund (Tübingen: Mohr Siebeck, 2011), 313.

85) DBW 6, 앞의 책, 282-283; 참조하라. Peter Möser, 앞의 책, 393.

86) DBW 6, 앞의 책, 282.

87) 위의 책, 283.

88) 『윤리학』 안에 나타난 본회퍼의 윤리를 '책임윤리'로 간주하는 학자들이 많다. 필자도 그들의 의견을 따른다. 퇴트와 예니헨은 본회퍼의 윤리기획을 책임윤리로 주장한다. Tödt, 앞의 책, 139; Traugott Jähnichen, Werte-Nomen-Gewissen. Was bestimmt unser Leben?(Bad Oeynhausen, 2001), 23-26; 프리드리히 요한센은 본회퍼의 윤리 기획을 책임윤리와 변형된 상황윤리로 간주한다. 책임윤리로써 본회퍼의 윤리기획 은 상황윤리의 약점과 규범윤리의 부족한 부분을 극복하고, 변형된 상황윤리로 보는 것은 윤리적 결단을 구체적이고 역사적인 문제 안에서 생각하는 것을 말한다. Friedrich Johannsen, 앞의 책, 26.

89) DBW 6, 앞의 책, 347; 참고하라. E. Bethge, 앞의 책, 806.

90) DBW 6, 앞의 책, 254.

91) DBW 4, 앞의 책, 84.

92) 위의 책, 303.

93) DBW 1, 앞의 책, 321(편집자 후기).

94) Hans Friedrich Daub, 앞의 책, 469.

95) 최근에 플로리안 슈미츠는 본회퍼의 윤리적 발전 성격을 『나를 따르라』와 『윤리학』 에서 나타난 세계 이해와 그리스도를 통한 세계의 화해에 대한 이해를 근거로 통일 적이라고 주장한다. 그의 의견에도 긍정적인 면이 있는 것은 사실이다. 본회퍼의 세

계 이해는 『나를 따르라』에서 부정적으로만 다루어지지 않았기 때문이다. 그러나 그가 주장하는 것처럼 『나를 따르라』와 『윤리학』에서 추론한 세계 이해를 가지고 '교회의 윤리'는 곧 '세계적인 윤리'라고 동일시하는 것은 『나를 따르라』에서 드러난 세계에 대한 부정적인 면을 무시하는 성급한 판단이라고 본다. Florian schmitz, 앞의 책, 191, 특히 그가 본회퍼의 세계 이해를 연구한 154-234를 참조하라.

96) DBW 4, 앞의 책, 236.

97) 위의 책, 260.

98) 위의 책, 81.

99) T. Jähnichen, "Freie Verantwortlichkeit und Zivilcourage", 앞의 책, 105.

100) Hans Friedrich Daub, 앞의 책, 469.

101)Hans-Jürgen Abromeit, 앞의 책, 9.

102) DBW 4, 앞의 책, 23(서론); Dieter Kraft, „Kirche als Ereignis. Anmerkungen zur Ekklesiologie Dietrich Bonhoeffers", in: Dietrich Bonhoeffer – Gefährdetes Erbe in bedrohter Welt. Beiträge zur Auseinandersetzung um sein Werk, hg. v. Heinrich Fink/ Carl-Jürgen Kaltenborn/ Dieter Kraft(Berlin: Union, 1987), 91: "『나를 따르라』는 오늘 우리를 위한 그리스도에 대한 책이다."; 파일은 "오늘 그리고 여기"라는 개념을 "세계 안에서 있는 하나님 현실성의 표지"로 해석한다. E. Feil, 앞의 책, 104; 또한 이것을 『윤리학』에서는 "우리에게 그리스도 안에서, 그리스도를 통하여 주어진 구체적인 책임의 영역"이라고 한다. DBW 6, 앞의 책, 266.

103) DBW 6, 앞의 책, 87(Ethik als Gestaltung).

104) 위의 책, 88.

105) 참조하라. DBW 14, 앞의 책, 484-485.

106) DBW 11, 앞의 책, 332 (세계연합사업의 신학적인 근거를 위해); 이것을 위해 참조하라. Christiane Tietz-Steiding, 앞의 책, 8-21.

107) 달페어트는 "하나님의 특성이 역사의 짧은 형태다"라고 말한다. 그 안에서 하나님은 각각의 특별한 방법으로 경험되고 다루어진다는 것이다. I.U.Dalferth, Religiöse Rede von Gott(München: Chr.Kaiser, 1981), 671; 또한 참조하라. Hans-Jürgen Abromeit, 앞의 책, 356: "역사 안에서 얻어지는 그의 인격의 윤곽은 현실성의 구조가 되었다."

108) DBW 11, 앞의 책, 332 ; Christiane Tietz-Steiding, 앞의 책, 15-16; 한스 요하킴크 라우스는 본회퍼가 『나를 따르라 』에서 "윤리의 모든 규범과 원칙"에 반대하였다고 주장한다. "『나를 따르라』는 노력해서 얻어야 하는 삶의 프로그램, 목적, 이상이 아 니 다 ." Hans-Joachim Kraus, Theologische Religionskritik(Neukirchen-Vluyn: Neukirchener, 1982), 103; 참조하라. DBW 4, 앞의 책, 47; DBW 2, 앞의 책, 81: "이 것은 윤리의 의미이다. 즉 비시간적인 진리들이 아니고, 현재적인 의미이다."

109) DBW 6, 앞의 책, 382.

110) I. Kant , Grundlegung zur Metaphysik der Sitten, 1962, IV 421.

111) DBW 15, 앞의 책, 507(Meditation über Psalm 119).

112) DBW 6, 앞의 책, 372.

113) T. Jähnichen, "Freie Verantwortlichkeit und Zivilcourage", 앞의 책, 94; 참조하라. Christoph Strohm, „Teilnehmen am Schicksal Deutschlands. Patriotismus und abendländisch-christliche Zivilisation bei Dietrich Bonhoeffer", in: Welt-Heuristik des Glaubens, hrsg. v. Karl Homann u Ilona Riedel-Spangenberger(Gütersloh: Guetersloher Verlagshaus, 1977), 161.

114) F. Johannsen, „Was heiß t Leben schützen?" In: R. Mokrosch/ F. Johannsen/ C. Gremmels, Dietrich Bonhoeffers Ethik. Ein Arbeitsbuch für Schule, Gemeinde und Studium(Guetersloh: Chr.Kaiser, 2003), 66; 그리고 나치가 시행한 안락사프로그램 에 대한 자세한 배경을 위해서는 다음의 책을 참고하라. LeRoy Walters, Der Wider- stand Paul Braunes und des Bonhoefferkreises gegen „Euthanasie" - Programm der Nationalsozialisten", in: Der Wert menschlichen Lebens. Medizinische Ethik bei Karl Bonhoeffer und Dietrich Bonhoeffer, 앞의 책, 98-146.

115) Christiane Tietz-Steiding, 앞의 책, 18; 참조하라. DBW 8, 앞의 책, 541.

116) DBW 6, 앞의 책, 372.

117) DBW 8, 앞의 책, 402.

118) 다음의 논문들을 참고하라. 유석성, "정의와 평화를 위한 기독교의 책임: 본회퍼의 평화사상,『기독교 사상』, 50(2006), 84-93; 유석성, "본회퍼의 평화윤리",『해석학 과 윤리』, 3(1999), 33-58; 본회퍼의 평화사상에 대한 일반적인 이해를 위해서 다음

의 책을 참고, Reinhold Mokrosch, "Was heist 'Frieden stiften'?, in: R. Mokrosch/
F. Johannsen/ C. Gremmels, Dietrich Bonhoeffers Ethik. Ein Arbeitsbuch für Schule,
Gemeinde und Studium(Guetersloh: Chr.Kaiser, 2003), 108-181.

119) DBW 6, 앞의 책, 231.

120) DBW 8, 앞의 책, 560-561.

121) DBW 14, 앞의 책, 578. "사람들이 교회의 말과 행동 사이에 나타난 불일치로 인해
충격을 받을 때, 사랑의 침묵적인 섬김이 가장 좋은 목회"이다.

그리스도인의 공공의 자리는 어디인가?

I. 서론

본회퍼는 1943년 전환기를 맞는 독일교회의 상황을 "10년 후"[1]라는 논문을 통해 소개한다. 이 논문을 통해 드러나는 독일교회는 그 당시 공적인 시대 상황에 적절하게 반응하지 못한 모습이었다. 그것에 대한 이유로 본회퍼는 당시 시대적인 배경 안에서 다음과 같이 말한다.

> "악의 거대한 가면은 모든 윤리적 개념들을 엉망진창으로 만들어 버렸다. 악이 빛, 자선, 역사적 필연, 사회적 정의 등의 모습으로 등장했다는 사실에 우리와 같이 전통적, 윤리적 개념 세계 속에서 살아온 사람들은 매우 혼란스럽다."[2]

히틀러를 상징하는 악이 빛의 옷을 입고 등장하면서 그동안 사람들이 가지고 있던 여러 가지 윤리적인 가치들에 혼란을 가중시켰다.[3] 이런 가치 혼란은 결국 당시 교회로 하여금 시대의 요청에 적절하게 응답하지 못하게 하는 윤리적 무반응을 초래 했다. 이것 때문에 본회퍼는 당시 교회를 비판했다.

> "공적 대결들을 피하기 위해서 몇몇 사람들은 사적 덕행(Tu-

gend)이라는 자유행위 속에서 피난처를 찾는다. 그런 사람은 자기 주변에서 일어나고 있는 불의 앞에서 자신의 눈과 입을 막을 수밖에 없다. 그는 자기기만의 대가를 치르고서야 이 세계에서 나름대로 책임적 행동을 할 수 있으며, 이를 통해 자신이 더럽혀지는 것을 피할 수 있게 된다. 그러나 그가 무엇을 하든지 그가 내버려둔 것은 그를 불안으로 몰아넣는다."[4]

이 인용에서 본회퍼는 당시 독일교회가 공적인 문제들에 침묵하고 사적 공간 안에만 머물러 있다고 주장한다. 이는 한편으로 분명하게 왜 신학이 언제나 공적인 신학이어야 하는지를 알려준다. 결국 공공성[5]에 대한 포기는 독일교회의 자기기만과 긴밀하게 연결되기 때문이다. 본회퍼는 이런 비판적인 시각을 제시하면서 이것을 극복하려면 "이성, 원리, 양심, 자유, 덕행을 최후의 척도로 삼는 자가 아니라, 하나님에 대한 믿음과 오직 믿음에 속박됨으로써 복종하며 책임을 지는 행위로 부름을 받아 이 모든 것을 희생시킬 각오가 되어 있는 책임적인 인간"[6]이 되어야 한다고 주장한다.

본회퍼가 1943년에 평가한 독일교회의 상황은 오늘 우리 한국교회의 상황과 다르지 않다. 기독교윤리실천운동에서 주관하여 발표한 『2017년 한국교회의 사회적 신뢰도 여론조사』를 살펴보면, 한국교회의 신뢰도 수준은 2008년부터 현재까지 보통 이하로 지속되고 있으며, 2017년의 한국교회 신뢰도 점수는 그 동안 조사된 점수 중에 최하점을 기록하고 있다. "금년의 한국교회 신뢰도 점수는 2008년에 나타났던 가장 낮은 신뢰도로 회귀하는 양상이다. 보통 이하의 낮은 신뢰도 자체에 대해서도 문제를 제기할 수 있겠으나, 이보다 더 심각한 것은 문제가 개선되지 않고 오히려 심화되는 양상으로 이어질 가능성이 높다는 사실이다. 개선되지 않고 방치된 도로가에는 깨끗한 도로보다 더 많은 쓰레기가 쌓이는, '깨진 유리창의 법칙'이 한국교회에도 작동되는 것을 막기 위해서는, 이미 신뢰도가 깨어진 상황에서 어떤 유리창을 고쳐야 하는지 구체적인 방안을 모색하는 것이 시급할 것이다"[7]라고 평가하였다. 그러면서 "한국교회의 신뢰도 제고를 위하여 필요한 사회적 활동으로 응답자들은 윤리와 도덕 실천운동(48.3%)을", "정직(28.3%)"을 가장 많이 선택하였다. 이것은 삶과 신앙이 분리되고, 교회와 일터의 신앙이 분리되어 교회의 공공성을 잃어버린 현실 때문에 야기되는 사회적 모습일 것이라고 하였다.

이런 위기의식 때문에 최근 한국교회 안에 공적신학과 교회의 공공성에 대한 논의가 활발하다.[8] 우선 공적신학의 정의를 살펴보자. 독일 학자 하인리히 베드포드 슈트롬(Heinrich Bedford-Strohm)은 공적신학을 다음과 같이 정의한다. "공적신학이란 대학의 다른 학과들과 학제간의 대화 속에서 그리고 사회적인 근본 질문들 안에서 교회와 사회와 함께 제기되는 비판적인 대화 속에서 방향성을 제시하는 시도이고, 다원주의적인 사회 속에서 종교적인 방향의 관련성을 분명히 제시하는 대화의 자원들을 연구하기 위한 시도"[9]이다.

또한 장신근은 공적신학을 일곱 가지로 정의한다. 1) 공적신학은 하나님 나라를 지향하는 가운데 끊임없이 오늘의 상황과 공적 이슈들과 대화하는 신학이며 동시에 행동을 중시하는 신학이다. 2) 공적신학은 기독교적 증언으로서 공적 참여를 중심하는 신학이다. 3) 공적신학은 기독교적 정체성과 공적 삶을 향한 관계성 사이의 역동적 대화를 지향하는 신학이다. 4) 공적신학은 다양한 형태의 신학에 기초하여 신학의 공적 사명을 이해하고 실천하는 신학이다. 5) 공적신학은 공교회 형성과 공적 신앙 양육을 지향하는 신학이다. 6) 공적신학은 지역-지구적이며 에큐메니칼 연대를 추구하는 신학이다. 7) 공적신학은 공동의 선을 지향하는 학제적 대화를 지향하는 신학이다.[10]

윤철호도 공적신학을 다음과 같이 정의한다. "공적신학은 예수 그리스도가 선포하고 실천한 하나님 나라의 비전 아래, 세상의 다원적 차원의 공적 영역에서 다른 학문 분야, 이념 집단, 종교 전통들과 대화하면서 보편적 하나님의 통치를 세상의 모든 공적 영역에서 구현하기 위해 실천하는 신학이다." 그러면서 그는 공적신학의 주요초점과 과제를 다음과 같이 제시한다. "1) 공적신학은 소통적-변증적 신학이다. 2) 공적신학의 주제와 대상은 모든 영역의 사회적 현실이다. 3) 공적신학은 세계화를 단지 거스를 수 없는 운명으로 전제하기보다는 세계화의 순기능과 역기능을 정당하게 평가해야 한다. 4) 오늘날 한국의 상황 속에서 공적신학은 동북아의 평화, 한반도의 비핵화와 평화통일, 사회적 계층, 집단, 지역 간의 갈등, 탈북자에 대한 차별, 여성 및 외국인 노동자의 인권, 부의 불평등으로 인한 빈익빈부익부, 사회적 정의, 청년실업, 고령화로 인한 노인 복지, 환경오염 및 온난화, 정치 및 종교 지도자들의 도덕적 해이 등의 문제들을 주요 공적 의제로 다룰 필요가 있다."[11]

이렇게 다양하게 정의되는 공적신학의 논의들은 이미 외국에서 오랜 토론의 역사를 가지고 있다. 스미트는 공적신학의 이야기를 6가지로 소개한다. 1) 공적신학이라는 용어는 1967년 미국신학자 로버트 벨라(Robert Bellah)가 그의 논문 "Civil Religion in Amerika"에서 "Civil Religion"이라는 용어를 처음 사용하였고, 그 이후 1974년 마틴 마티(Martin Marty)가 이 시민개념과 구별하기 위해 처음으로 '공적신학'이라는 개념을 사용하였다. 1981년에는 '공적교회'라는 용어로 교회의 과제를 강조하는데 사용하고, 공적인 토론을 중재하기 위해 사용하였다. 마틴 마티는 대표적인 인물로 마틴 루터 킹 목사와 라인홀드 니버를 제시하였다. 2) 스미트가 제시하는 두 번째 이야기 주인공은 데이비드 트레이시(David Tracy)이다. 트레이시는

1975년 그의 논문에서 3가지의 공적영역을 이야기 하였다: (1) 교회의 공공성, (2) 학문적인 세계의 공공성, (3) 사회의 공공성이다. 트레이시의 철학적 대화 파트너는 하버마스이다. 3) 스미트는 세 번째 이야기 주인공으로 독일 신학자 볼프강 후버를 제시한다. 후버는 1973년 그의 교수자격논문인『교회와 공공성』을 출판한다. 여기서 그는 교회론적인 프레임 안에서 교회의 공적인 책임의 문제를 다루고 있다. 4) 네번째로 제시한 이야기는 해방신학이다. 여기에서는 시민사회에서 교회의 역할을 새롭게 결정하도록 하였다. 5) 다섯번째는 에큐메니칼 운동의 이야기이다. 공적신학은 범세계적인 시각을 가져야 함을 말한다. 6) 마지막으로 여섯 번째 이야기는 최근의 것으로 새로운 도전, 특히 세속화와 다원화된 세계의 도전 앞에서 공적인 신학에 대해 논의해야함을 언급한다.[12]

이 글은 이런 다양한 논의 흐름 안에서 본회퍼의 신학이 한국교회와 그리스도인의 공공성 회복을 위하여 어떤 기여를 할 수 있는 지를 연구하고자 한다. 다만 본회퍼 신학을 통한 공공신학의 논의가 현재 사회에 대한 교회의 주도권의 회복이라는 관점에서가 아니라, 신학과 교회 그리고 그리스도인 자체가 갖는 본질적인 공공성의 회복을 강조할 것이다. 이를 위해 먼저 본회퍼가 생각하는 그리스도인의 공적인 정체성이 무엇인지를 살펴보고, 그 다음으로 공적인 정체성이 드러나는 공공의 자리가 어디인지를 연구한 후, 본회퍼의 신학이

주는 의의를 제시하고자 한다.

II. 그리스도인의 공공적 정체성

본회퍼가 말하는 공공적 정체성은 무엇인가? 이 질문에 답하기 위해 본회퍼가 저술한 책들을 중심으로 살펴보고자 한다. 그러나 모든 부분을 다 언급할 수 없기에 대표적인 관점들만 언급하며 논의를 진행하려 한다.

1. 가시적 공동체로서 살아가는 그리스도인

본회퍼는 『나를 따르라』에서 산상수훈을 해석한다. 특히 마태복음 5장을 해석하면서 그는 그리스도인의 공공적 정체성을 '세상의 소금'과 '세상의 빛'이라고 한다. 세상의 소금은 짠맛을 내어 세상을 구원해야 한다고 한다. 그러나 맛을 잃어버린 소금은 세상을 구원하지도 못하고, 오히려 절망적으로 썩어버린다.[13] 비록 소금이 겉으로 드러나는 것이 은밀하다 할지라도 세상 속에서 섬기는 분명한 역할을 가지고 있다. 본회퍼는 세상의 소금의 은밀한 세상적 작용을 언

급한 후에 공적으로 드러나는 세상의 빛에 대해 설명한다. 세상의 빛
은 "보이는 빛"[14]이기 때문에, "원하든 원하지 않든, 이제는 숨어 지
낼 수 없다."[15] 그리스도인은 예수를 따르는 사람들이다. 예수를 따
르는 사람들은 공적으로 드러날 수밖에 없다. 만약 그리스도인의 공
적성을 부인하고 은폐로 나아간다면 그것은 부름을 부인하는 것이
고, 더는 주님을 따르는 공동체가 아니다. 그러기에 예수의 부름으
로 세워진 세상의 빛 공동체는 가시적 공동체 일 수밖에 없다.

  본회퍼의 『나를 따르라』 해석에 따르면, 이런 가시적 공동체는 주
님의 부름을 통해서만 가능하다. 그 부름을 통해서 드러나는 공동체
는 오직 예수님을 중심으로 하는 '간접적인 공동체'가 된다. 간접적
인 공동체란 그리스도인이 맺는 직접적인 관계성이 하나도 없고 모
든 관계가 예수 그리스도를 통해서만 연결되는 공동체를 말한다. 그
의 말을 들어보자.

  "그분은 나와 하나님 사이에 계실 뿐만 아니라, 바로 그리하심으
  로써 나와 세상의 한복판에도, 나와 다른 인간들과 사물들의 한
  복판에도 계신다. 하나님과 다른 인간들 사이에서만이 아니라
  인간과 인간, 인간과 현실 사이에서도 그분은 중보자이시다. 만
  물은 그분으로 말미암아, 그리고 그분을 향해 창조되었다.(요
  1:3, 고전8:6, 히1:2) 그러므로 그분은 세상의 유일한 중보자이

시다. 그리스도 이래 하나님이나 세상에 대한 인간의 직접적인 관계는 더는 존재하지 않는다."(『나를 따르라』 104)

이렇게 주님을 중보자로 하는 간접적인 공동체로 형성된 가시적 공동체는 본회퍼의 박사학위 논문의 언어로 하면 "공동체로 존재하는 그리스도"[16]이다. 비록 이것이 계시의 형태이지만, 또한 교회를 표현하는 언어이기도 하다. 그리고 이것은 동시에 개별 인격과 집단 인격 사이에 존재하는 상호관계성 속에서 드러나는 "개인적 집단인격"[17]이라고 할 수 있다. 그러기에 '공동체로 존재하는 그리스도'라는 계시 형태는 사회성과 인격성, 그리고 관계성을 모두 나타낸다. 이는 교회와 그리스도인의 존재론적 공적 본질이 무엇인지를 분명히 알려주는 대목이다. 이런 공동체의 정의는 『나를 따르라』에서도 가시적인 공동체로 드러나고, 이런 가시적인 공동체는 또한 공간을 필요로 한다. 이는 사회성과 공공성은 정신 작용 안에 있는 것이 아니라, 실제 공간 안에서 작동한다는 사실을 알려준다. 그리고 가시적인 공동체의 공간성의 근거를 본회퍼는 성육신에서 찾는다. 그는 이렇게 말한다.

"성육신은 지상에서 자신의 영역을 요구한다. 공간을 차지하는 것은 보인다. 따라서 예수 그리스도의 몸은 오로지 보이는 몸일

따름이다." [18]

본회퍼는 그리스도의 몸의 가시성을 주장하고 나서, 계속해서 그의 부름으로 형성된 가시적 공동체가 보일 수밖에 없는 이유를 다시한번 힘주어 강조한다.

"*하나의 진리, 하나의 교훈, 하나의 종교는 자신의 공간을 필요로 하지 않는다. 이것들은 몸이 없다. 이것들은 들려지고, 학습되며, 이해된다. 이것이 전부다. 그러나 인간이 되신 하나님의 아들은 단지 귀나 심장만이 아니라 자신을 따르는 육체적인 인간을 필요로 하신다. 그러므로 그분은 자신의 제자들에게 몸으로 따라올 것을 요구하셨다. 그리고 그들과의 사귐은 누구에게나 보이는 것이었다. 이러한 사귐은 인간이 되신 예수 그리스도로 말미암아 시작되고, 유지되었다. 육신이 된 말씀은 육체적으로 보이는 사귐으로, 창조했다. 부름을 받은 자들은 더는 숨어지낼 수 없었다.*" [19]

이처럼 주님의 부름을 통해서 만들어진 간접적인 공동체이자 가시적인 공동체는 그리스도께서 이 땅에서 보여지는 공간을 필요로 하신 것처럼 제자 공동체도 반드시 세상 가운데에서나 일상생활에서도 보여지는 공동체로서의 정체성을 가진다.[20] 본회퍼는 그것을 다시 한 번 "그리스도의 몸"이라는 메타포를 가지고 설명한다. 그는 교회를 '몸을 가진 인격'으로 해석하면서, 그리스도의 부름을 통해서 세상 가운데 형성된 예수 그리스도의 공간이 바로 그리스도의 몸인 교회이며, 그 몸은 공개적이고 세상 한 가운데에 서 있다고 주장한다.

　이런 관점에서 공동체의 가시성을 좀 더 깊게 이해하기 위해서 공동체가 드러나는 세상이라는 현실에 대한 이해가 필요하다. 본회퍼는 이것을 『윤리학』에서 다룬다.

2. "하나의 현실"(Wirklichkeit)에서 살아가는 그리스도인

　본회퍼는 단편들로 편집된 그의 책 『윤리학』에서 그리스도인들이 어떤 공적인 정체성을 가지고 있는지에 대해 "현실"[21]이라는 개념을 가지고 설명한다. 본회퍼는 그리스도와 세상의 관계가 "서로 충돌하고 배척하는 관계"가 아니라고 한다. 만약 그렇게 생각한다면 "인간은 현실 전체를 포기하고 두 영역 가운데 한 영역에 속하게 됨으로써 세상이 없는 그리스도를 원하게 되거나, 그리스도가 없는 세상을 원하게"[22]될 것이라고 그는 말한다. 그러기에 그는 그리스도인에게 두 개의 현실이 존재하지 않고 하나의 현실만이 존재한다고 한다. 이런 주장의 근거를 그리스도 안에서 드러난 화해의 현실에서 찾는다. 화해의 현실은 우리의 현실을 이미 포함하고 있는데, 이것은 하나님의 현실 안에서 일어난 계시의 비밀로서 "감당되었고, 용납되었으며, 화해"[23]되었다. 이로 인해 그리스도인의 공공적 정체성은 "우리와 우리의 세상을 오래 전부터 감싸고 있는 예수 그리스도 안에 있는 현실이 어떻게 우리에게 지금 활동하고 있는가?"[24]를 질문하며 찾아야 한다. 그것은 예수 그리스도 안에서 화해된 현실에 오늘 참여하는 것을 말한다. 그런데 이 참여는 정적이고 정신적인 참여가 아니라, 가장 구체적인 현실 참여이고, 다른 인간에게 까지 도달하는 참여이다. 본회퍼의 말을 들어보자.

"그리스도 안에서 인식된 하나님의 현실과 세상의 현실로부터 본다면, 상황은 완전히 달라진다. 세상, 자연적인 것, 범속한 것, 이성이 여기서는 처음부터 하나님 안으로 받아들여졌다. 이 모든 것은 '그 자체로서' 존재하는 것이 아니라, 오직 그리스도 안에 있는 하나님의 현실성 안에서만 자신의 현실성을 갖는다. 세상적인 것이 이미 그리스도 안에서 하나님에 의해 용납되었고, 지금도 항상 용납되고 있는 것으로 간주되는 것은 이제 세상적인 것의 현실적 개념에 속하는 내용이다. 그리스도 안에서 하나님의 현실이 세상의 현실로 들어왔듯이, 그리스도교적인 것은 오직 세상적인 것 안에, '초자연적인 것'은 오직 자연적인 것 안에, 거룩한 것은 오직 범속한 것 안에, 계시적인 것은 오직 이성적인 것 안에 존재한다. 그리스도 안에서 이루어진 하나님의 현실과 세상의 현실의 일치성은 (반복하거나 더 정확하게 말한다면) 항상 다시금 인간에게 실현된다."[25]

그러나 주의해야 할 것은 여기서 언급된 구체적이고 역동적인 관계, 즉 그리스도교적인 것과 세상적인 것의 관계성이 곧 동일성을 의미하지는 않는다는 것이다. 오히려 본회퍼는 이 두 관계성을 오직 예수 그리스도 안에서 주어진 일치성에서 찾는다. 더 나아가 루터의 두 왕국론의 이론을 위의 주장과 연관하여 "논쟁적 일치성" 안에서 새롭게 수용하고 있다.

이렇게 본회퍼는 현실 개념 아래서 그리스도인의 공적인 정체성을 '세상과 교회', '그리스도인과 세상', '교회와 국가'라는 두 영역을 이분법적으로 해석하지 않고, 그리스도의 화해된 현실 안에서 일치된 하나의 현실로 보고, 그 현실의 부름에 응답하는 그리스도인이 되어야 한다고 주장한다.

3. 타자를 위해 살아가는 그리스도인

1943년 4월 5일 체포된 본회퍼는 1945년 2월 7일까지 베를린 테겔 형무소와 프린츠 알브레히트(Prinz-Albrecht)의 지하 감옥에서 약 2년 동안 가족, 부모, 친구 베트게와 서신을 교환한다. 이 서신들을 묶어서 1951년 9월에 출판한 책이 『저항과 복종』이다.[26]

특별히 본회퍼가 100페이지가 넘지 않게 쓰려고 계획했던 "연구를 위한 기획"[27]이라는 글에서 앞으로 교회는 분명하게 타인을 위해 존재하고 살아가는 공동체여야 함을 주장한다. 여기에 진정한 교회의 본질과 그리스도인의 본질이 있다. 타자를 위한 삶은 본회퍼에게 예수 그리스도의 삶을 표현하는 다른 말이다. 예수의 삶이 한마디로 타자를 위한 삶이기 때문이다. 그러기에 예수를 따르는 공동체인 교회도 예수처럼 타인을 위한 삶을 살아야 함은 본회퍼 신학에서는 당연하다. 여기서 말하는 '타자'는 단순히 그리스도인들만이 아니라, 일상에서 함께 살아가는 사람들, 즉 하나의 현실성 속에서 만나는 모든 사람들을 가리킨다. 이런 점에서 그는 현실 속에서 매일 만나는 사람들을 위해 교회가 존재할 때 그 교회를 가리켜 참다운 교회라고 말한다.[28]

그런데 이런 생각의 단초들은 그가 저술한 여러 저작들에서 나타난다. 여기서는 『나를 따르라』와 『윤리학』을 살펴보고자 한다. 교회

투쟁 시기에 쓰인『나를 따르라』에서는 히틀러가 정권을 잡은 이후 벌어지는 일련의 역사적 상황과 신학적으로는 값싼 은혜로 인해 교회공동체로서의 본질을 잃어가고 있는 독일교회 앞에서 유대인들과 교회공동체, 그리스도인들이 어떻게 해야 함께 살아갈 수 있을지를 고민한다.

그리고 1939년부터 그는 저항 안에서 함께 살아가는 것을 배우기 위해 독일의 운명에 참여하기를 시도한다. 특별히 그에게 "자신의 민족과 땅에 대해 지울 수 없이 느끼는 묶임(매임)으로서의 애국심"[29]이 미국에서 다시 독일로 귀국하여 저항운동에 참여하게 되는 중요한 동기가 된다. 이런 배경 하에서 그는『윤리학』을 저술하고, 특별히 함께 사는 것을 위해 현실성의 개념과 함께 사는 삶의 개념을 가지고 사고의 깊이를 더하고 있다. 또한 나치 정권이 발표한 "유전적인 병이 있는 후손들의 방지를 위한 법"이 결국에는 안락사 프로그램으로까지 진행하는데, 1942년까지 정신적으로 아픈 사람들 천 명을 살해하는[30] 상황 앞에서 그는 연약한 사람들과 함께 살아가는 것을 위해 '자연적인 것'을 복음으로부터, 그리고 나치 정권의 이데올로기에 대한 논쟁을 통해 새롭게 발견하기를 시도한다. 여기에 그가 생각하고 실천했던 모든 면을 기록할 수는 없다. 그러나 그가 두 저작이 저술되는 격동적인 역사적 상황 속에서 '함께 사는 것을 배우며 살아왔다는 것'은 분명하다.

본회퍼는 이런 역사적인 환경 속에서 앞으로 미래의 교회가 타자들과 함께 살아가는 것을 배워가야함을 역설하고 있다. 이것은 오늘을 살아가는 그리스도인의 공공적 정체성이 무엇인지를 분명하게 알려주는 내용이기도 하다.

III. 그리스도인의 공공의 자리

지금까지 그리스도인의 공공적 정체성이 무엇인지 살펴보았다. 이제 그리스도인들이 할 일은 그 정체성을 드러내는 자리가 어디인지를 구체적으로 묻는 일이다.

1. 보이는 공동체로서의 공공의 자리: 십자가

『나를 따르라』에 따르면 예수의 부름을 통해서 형성된 공동체는 예수를 따르는 공동체요, 더 나은 의의 공동체이다.[31] 그리고 이 공동체는 가시적인 공동체로 세상의 모든 질서들보다 뛰어난 공동체이다. 그럼 이 공동체가 드러나는 공공의 자리는 어디인가? 본회퍼는 이 질문에 대해 다음과 같이 대답한다. 주님을 따르는 공동체는 드러날 수밖에 없다. 그러나 드러나는 것은 그를 따르는 제자들이 아니고, 오직 십자가여야 함을 강조한다. 그의 말을 들어보자. "보이는 것은 그리스도의 십자가다."[32] 그리스도인의 공공의 자리는 십자가이다. 그럼 이것은 무엇을 뜻할까? 십자가를 드러낸다는 것이 구체적으로 무엇을 가리키는가? 그리스도인들이 공공의 자리에서 십자가를 드러낸다는 것이 무엇을 의미하는가?

우선, 그리스도인들의 공공의 자리가 십자가라는 사실은 그들이 가시적인 공동체로 세상 한복판에서 살아가야 하는 것처럼 공적인 공동체임에는 틀림없지만 그들 자신을 드러내는 공동체가 아니라 십자가를 드러내야 하는 겸손한 공동체여야 함을 의미한다. 즉 그리스도인의 공공의 자리는 세상을 지배하고 관리하는 위치가 아니라 섬기면서 드러나는 가시적인 공동체를 가리킨다.

그리고, 그리스도인들의 공공의 자리가 십자가라는 사실은 제자 공동체를 부르신 예수 그리스도를 중심으로 형성된 간접적인 공동체이기에 예수 그리스도를 드러내는 것 외에는 아무런 의미가 없다는 뜻이다. 그러기에 예수 그리스도를 드러냄은 십자가를 드러냄이요, 십자가를 드러냄은 그분을 따라감이다. 그러면 구체적으로 그분을 따라감은 무엇인가? 본회퍼에 따르면 이것은 그리스도의 형상을 따라 살아가는 공동체를 의미한다. 그는 그리스도의 형상을 "인간이 되신 분, 십자가에 달리신 분, 변모하신 분"[33]이라고 한다. 구체적으로 인간이 되신 분을 통하여 우리는 우리 자신의 모습을 다시 인식하게 된다. 본회퍼의 설명을 들어보자.

> "그리스도의 성육신을 통해 온 인류는 하나님의 형상의 가치를 다시 얻는다. 이제 가장 작은 인간을 폭행한 자는 인간의 모습을 취하셨고 인간의 얼굴을 가진 모든 자들을 위해 하나님의 형상을 회복하신 그리스도를 폭행하는 것이다. 성육신하신 분과 사귐을 나눔으로써 우리는 우리의 본래적 인간성을 다시 선사 받는다."[34]

그러기에 그리스도인들의 공공의 자리는 인간성을 존중하고 보호하고 변호하는 자리임이 분명하다. 그리스도인의 공동체가 있는 곳은 인간성의 가치가 가장 선명하게 빛나는 곳이어야 한다. 다음으로 십자가에 달리신 분의 형상을 본받는 것은 그리스도의 죽음을 본받는 것을 의미하고, 또한 이 세상에서 살지만 세상과 구별되게 살라는 것이다. 마지막으로 부활하신 분의 뒤를 따르는 것은 "십자가에 달리신 분의 형상과 마찬가지로 부활하신 분의 형상도 자신을 보는 자를 변화시킬 것이다. 그리스도를 바라보는 자는 그분의 형상을 입으며, 그분의 모습을 닮는다"[35]는 것이다. 이것은 그리스도인들의 공공의 자리에서, 세상 한복판에서 희망을 노래해야 함을 역설한다.

이렇게 될 때, 우리 안에 내주하시는 분의 삶은 "이 땅에서 끝나지 않는다. 그리스도는 제자들의 삶 속에서 계속 살아 계신다. 지금은 그리스도인의 삶을 말할 때가 아니라 우리 안에서 살아 계시는 예수 그리스도의 진정한 삶을 말할 때다"[36]라고 말할 수 있다. 그러기에 제자들의 삶이 세상 가운데서 공공성을 가지지만 제자들 자신이 보이는 것이 아니라 제자들안에 사시는 예수님의 삶인 십자가가 보이는 것은 당연하다.

2. "현실성"안에서 살아가는 그리스도인의 공공의 자리: 직업(Beruf)

본회퍼는 『윤리학』에서 예수 그리스도 안에서 드러난 화해의 현실을 주장한다. 이 화해의 현실 안에는 거룩과 세속의 영역이 분리되지 않고, 하나의 현실만이 존재한다. 그럼 이 하나의 현실을 의미하는 화해의 현실에서 그리스도인들의 공공의 자리는 어디인가? 본회퍼는 이 질문을 책임과 위임이라는 개념으로 대답한다. 여기서는 위임[37]의 개념은 다루지 않고, 책임 개념만을 다룬다.

본회퍼는 "책임"을 예수 그리스도 안에서 드러난 화해의 현실에 "생명의 전체성을 투입"하여, 그리고 "생사를 걸고" 응답하는 것이라고 한다. 그러기에 "책임적으로 행동한다는 것은 그리스도 안에서 하나님이 취하신 인간의 현실을 행동의 형성 안으로 끌어들인다는 것을 의미한다."[38] 본회퍼는 이렇게 우리에게 주어진 화해의 현실에 응답하는 공공의 장소로 직업을 언급한다. 그에 따르면 직업은 "그리스도의 부름에 응답하고 그래서 책임적으로 살 수 있는 장소"이다.[39] 그 직업의 장소에서 우리에게 주어진 것은 제한된 임무일 수 있다. 그러나 예수 그리스도의 부름은 세상의 의무로 그치지 않고, 항상 세상의 의무를 넘어서며, 한계를 돌파한다.[40] 직업의 장소에서 제한된 임무의 한계를 돌파한다는 본회퍼의 말은 매우 중요하다. 왜냐하면 당시 시대적인 배경을 가지고 있기 때문이다. 우선 본회퍼가 이 말을 설명하기 위해 사용한 예를 살펴보자.

"한계는 단지 위를 향해, 곧 그리스도를 통해 깨어질 뿐만 아니라, 밖을 향해서도 깨어진다. 예컨대 만약 내가 의사라면, 나는 구체적으로 나의 환자만이 아니라 이와 동시에 자연과학적 지식을 위해서도 봉사하며, 이로써 학문과 진리인식 전체를 위해서도 봉사한다. 비록 내가 실천적으로 구체적인 장소에서, 예컨대 환자의 병상에서 이러한 봉사를 제공할지라도, 전체를 위한 책임을 고려한다. 오직 그렇게 함으로써만 나의 구체적인 책임을 인식하고 완수하는 것이 아니다. 나는 예컨대 의학이나 인간 생활이나 학문 자체를 위협하는 조치에 대해 공개적으로 항의

함으로써 나의 책임을 수행한다." [41]

방금 언급한 의사의 직업처럼 예수 그리스도의 부름에 책임적으로 행동한다면 환자를 돌보는 제한된 직업의 임무를 넘어서서 의학이나 인간 생활이나 학문 자체를 위협하는 조치에 대해서도 공개적으로 항의할 수 있다는 것이다. 그런데 이런 이야기가 왜 중요한가? 그것은 위에서 언급한 것처럼 당시 독일교회의 상황을 반영하여 주기 때문이다. 히틀러의 국가사회주의가 집권 초창기부터 교회와 국가의 동일시화 즉 독일민족과 교회를 히틀러화(나치화)하려는 목적을 가지고 정책을 집행하고, 또한 여러 정책들을 통해 교회를 압박할 때, 독일교회의 수많은 목회자들은 박해를 받는 형제와 자매들에게 공적으로 책임적인 입장을 표명하기를 거절했다. 왜냐하면

"바로 자신의 교회는 아무런 피해를 보지 않았기 때문이다. 그가 비겁하거나 개입할 의지가 없었던 것은 아니었다. 다만 그는 구체적인 고난과 시련 속에 있는 독일의 교회를 돕는 것은 자신에게 주어진 직업의 한계를 제멋대로 넘어가는 것이라고 생각했다." [42]

이런 상황에서 본회퍼는 직업의 개념을 사용하여 예수 그리스도

의 부름에 응답하고, 그래서 책임적으로 살 수 있는 장소를 새롭게 이해한다. 그리고 그는 직업 안에서 책임적으로 한계를 돌파할 수 있는 신학적인 근거를 다음과 같이 제시한다.

> "하나님의 율법을 통해 주어진 한계를 진지하게 고민하지 않는 책임적 행위는 존재할 수 없다. 그렇지만 책임적 행위는 바로 이 율법을 주신 분과 분리하지 않을 것이다. 책임적 행위는 자신의 율법을 통해 세상을 유지하시는 하나님을 예수 그리스도 안에서 오직 구원자로만 인식할 수 있을 것이고, 예수 그리스도를 책임적 행위의 궁극적 현실로 인식할 수 있을 것이며, 바로 예수 그리스도로 말미암아 책임적 행동을 하도록 율법에서 해방되는 것을 경험할 수 있을 것이다. 하나님과 이웃 때문에, 곧 그리스도 때문에 안식일 규정에서 자유로울 수 있고, 부모 공경에서 자유로울 수 있으며, 하나님의 모든 율법에서 자유로울 수 있다." [43)]

위의 글에 따르면, 우리가 책임적으로 살아갈 수 있고, 우리가 처한 제한된 직업의 의무를 넘어서 세상과 타인을 위해 책임을 다 할 수 있는 것은 우리에게 내재되어 있는 자율성 때문이 아니라, 오직 하나된 화해의 현실 안으로 우리를 초대하는 예수 그리스도의 부름 때문이다.

3. 타인을 위한 공공의 자리: 모범

본회퍼에 따르면 『저항과 복종』에서 교회는 타인을 위해서 존재할 때 참다운 교회라고 한다. 이것은 당시 자기만을 생각하는 교회들을 향한 일침이었다. 본회퍼는 당시 고백교회를 향하여 자기 목적, 자기만족에 빠졌다고 비판한다.

> "근래에 와서 자기 보존이 마치 자기목적인 양 그것만을 위해서 투쟁했던 우리의 교회는 인간과 세계를 위해 화해하고 구속하는 말씀의 담지자가 될 수 없었고, 옛 말씀들은 힘을 잃어버린 채 침묵해야 했다."[44]

그리고 그는 계속해서 당시 교회를 비판한다.

> "고백교회는 대체적으로 교회의 일에는 참여하지만, 인격적 그리스도 신앙은 찾아보기 힘들다. 예수는 시야에서 사라졌다. 사회학적으로는 대중들에게 아무런 영향을 주지 못한다. 소시민

과 중산층의 문제, 전통적인 사상의 무거운 짐, 결정적인 것: 교
회는 자기방어에 집착하고 있음. 타인을 위한 모험이 없다." [45)]

본회퍼가 평가한 고백교회의 모습은 당시 시대적으로 일어난 여
러 문제들, 특히 유대인의 문제에 대해 침묵하거나 전혀 참여하지
않고 오직 자기만을 생각한 교회였다.[46)] 이것은 타인을 위해 자기의
삶을 드린 예수 그리스도를 따르는 교회로서의 모습이 아니었다.

그럼 참다운 교회의 본질인 타인을 위해 존재하는 교회는 무엇인
가? 본회퍼는 교회가 타인을 위해 존재한다는 것이 무엇을 의미하
는지를 분명하게 말해주어야 할 책임이 있다고 언급하면서, 이를 위
해 말의 "개념이 아니라 모범을 통해서"[47)]가능하다고 한다. 그럼 '개
념이 아니라 모범을 통해서' 타자를 위해 존재하는 교회가 된다는 것
이 구체적으로 무엇을 의미하는가? 본회퍼에 따르면 타자를 위해
존재하는 교회가 되기 위해서는 교회는 모든 재산을 팔아 가난한 사
람들에게 나누어주어야 한다.[48)] 이는 자기 자신을 위해 살지 않고, 즉
자기만족과 자기이익만을 추구하는 교회가 아니라 타인을 위해 자
신의 기득권을 포기한 삶을 살라는 것이다. 이것은 예수 그리스도가
사신 삶이다. 그래서 제자공동체가 타인을 위해 기득권을 포기한 그
리스도를 따라가는 것이야말로 타자를 위해 존재하는 것이다.[49)] 왜
냐하면 우리가 따른 모범은 예수 그리스도이시기 때문이고,[50)] 예수

그리스도를 통하여 형성된 교회는 그리스도 현존의 장소이기에 그렇다. 그리고 예수의 모범을 따라 살아가는 삶은 곧 세상 속에서, 세상에게 교회가 무엇인지를 세상적으로 설명해주는 길이기 때문이다. 이렇게 함으로 "교회는 모든 직업의 종사자들에게 그리스도와 더불어 사는 삶이 어떤 삶이며, 또 타자를 위한 존재가 무엇을 의미하는지를"[51] 말해줄 수 있다. 그것도 말로만이 아니라 모범으로 말이다. 그러나 이런 그리스도를 따르는 모범을 통해 교회는 "인간공동체의 세상적 과제에 참여해야 하지만, 지배하면서가 아니라 돕고 봉사하는 방식으로 참여해야한다."[52] 이것도 또한 주님의 방법이다.

IV. 결론

우리는 지금까지 본회퍼가 말하는 그리스도인의 공공적 정체성과 자리를 살펴보았다. 공공적 정체성은 가시적 공동체이요, 하나의 현실성 안에서 살아가는 공동체이며, 타인을 위해 살아가는 공동체이다. 그리고 공공의 자리로는 다음과 같다. 가시적 공동체가 드러나는 자리로 십자가를, 하나의 현실 안에서 책임적으로 살아가는 자리로 직업을, 타인을 위해 살아가는 공공의 자리로 모범을 제시하였다. 이것을 통해 우리가 결론적으로 말한다면 본회퍼의 신학이 바로 "공적인 신학"이라고 할 수 있다.[53] 그리고 이제 이것에 근거하여 본회퍼의 공공의 신학이 한국교회에 갖는 의의를 몇 가지 살펴보고자 한다.

1) 그리스도인의 공공성은 현 시대가 세속화, 가치변화, 개인화[54]되고 있는 현실에 대해 요청된 차원이 아니라, 그리스도교의 본질에 해당된다. 한국교회 안에서 어떤 주장을 할 때, 그것이 교회 성장에 도움이 되거나, 어느 교회가 공공적인 입장을 강조하였더니 성장하였다고 하면, 많은 교회들이 공공성을 강조한다. 이런 모습을 비판만 할 수 없다. 그래도 자칫 공공성의 강조가 성장을 위한 이론으로 전락할 수 있는 위험을 주의해야 한다. 오히려 그리스도인의 공공성은 성장의 도구가 아니라 교회와 그리스도인의 본질 자체에 해당한다는 사실을 한국교회에서 더 많이 강조해야 한다. 이를 위해 본회퍼의 사상은 의미 있다고 본다. 특히 '세상의 소금과 빛'이라는 가시적인 특성과 화해된 하나의 현실 안으로 초대받은 그리스도인의 정체성이 이것을 강조한다. 그러나 기억해야 할 점은 이 가시적인 특성이 자기 자신을 드러내는 공공성이 아니라, 오직 십자가 즉 예수 그리스도만 드러내는 공공성이어야 한다는 것이다.

2) 공공성의 범위를 어디까지 잡아야 하는가를 놓고 많은 논의들이 있지만,[55] 본회퍼가 주장하는 그리스도인의 공공의 정체성은 우리에게 새로운 통찰력을 준다. 특히 하나의 현실성 안에서 화해의 현실에 책임적으로 응답하는 장소인 직업은 제한된 임무를 벗어나서 한계를 넘어설 수 있음을 보았다. 이것에 대한 근거로 본회퍼는 '공공적 정체성과 자리'의 유일한 근거가 되는 예수 그리스도의 부름을 통해 가능함을 주장하였다. 그가 예를 들어 설명한 의사 직업처럼 예수 그리스도의 부름에 책임적으로 행동한다면 환자를 돌보는 제한된 직업의 임무를 넘어서서 의학이나 인간 생활이나 학문 자체를 위협하는 조치에 대해서도 공개적으로 항의할 수 있다는 사실이다. 이것은 또한 본회퍼가 당시 고백교회가 자기만족, 자기이익만을 추구함으로 시대의 아픔과 고통에 반응하지 못한 모습을 보고 비판하였던 것과 맥을 같이한다. 우리가 따라가는 모범이신 예수 그리스도는 자기 자신을 위해 살지 않고 타인을 위해 현존하고 살아가는 존재이시고 교회 안에서만 다스리시는 분이 아니라 온 세상의 주인되시고, 모든 민족을 그의 몸으로 온전히 받아들이신 분이기 때문이다. 그러기에 스택하우스가 공공신학이 교회 뿐만 아니라 세상과의 대화하는 신학이 되어야 한다고 주장하고, 하우어워스는 공공신학이 오직 교회를 위한 교회의 신학이어야 함을, 즉 교회가 가장 공적인 모습으로 드러나

는 것은 '교회가 교회가 되면 된다'는 주장으로 서로 대립할 것이 아니라, 타인을 위해 존재하는 예수 그리스도에 집중함으로 이 문제를 극복해야 한다. 왜냐하면 타인을 위한 존재 자체이신 예수 그리스도에게 집중한다는 것은 곧 교회가 교회 되는 길이면서, 동시에 세상을 섬기는 즉 타자를 위한 길이기 때문이다. 그러기에 한국교회는 어느 때보다도 타인을 위해 존재하는 그리스도의 형상을 닮아가도록 힘써야 한다. 이것이야말로 그리스도인들이 이 땅에서 공적인 정체성과 자리를 지키는 본질에 해당되기 때문이다.

註

1) Dietrich Bonhoeffer, Dietrich Bonhoeffer Werke, hg. v. E. Bethge, E. Feil, Chr. Gremmels, W. Huber, H. Pfeifer, A. Schönherr, H. E. Tödt, I. Tödt, München 1986-1991(Gütersloh: Gütersloher Verlagshaus, 1992-1999). 이후부터는 본회퍼의 전집의 표시를 'DBW'로 사용한다. DBW 8, 19-39.

2) Dietrich Bonhoeffer, Widerstand und Ergebung, 손규태, 정지련 역, 『저항과 복종』(서울: 대한기독교서회, 2010), 39.

3) 앞의 책, 39-42, 본회퍼가 설명한 도덕적 가치들 중 "의무"에 대해 살펴보자. "저마다 자신을 따르라고 주장하는 여러 가지 길들은 우리를 혼란 속에 빠뜨린다. 그러나 이러한 다양성 가운데서 그나마 확실한 길로 간주될 수 있는 것이 의무(Pflicht)의 길일 것이다. 여기서는 명령받은 것이 가장 확실한 것으로 이해되고, 명령에 대한 책임은 명령받는 자가 아니라 명령한 자에게 주어진다. 그러나 의무적인 것의 범위에만 머무른다면, -악의 중심을 직시하고 극복할 수 있는-본래적인 책임을 지향해 일어나는 행위의 모험은 결코 존재할 수 없게 된다. 의무의 사람은 결국 악마에 대한 의무도 수행하지 않을 수 없게 된다."

4) 앞의 책, 41.

5) 사전적인 의미로 공공성이란 "뭔가 공개된 것, 사실적으로 알려진 것, 혹은 어떤 경우에도 누구나 접근 가능한 것, 널리 알려진 것의 속성-혹은 드러난 것, 사실적으로 알려진 것 혹은 파악할 수 있는 가능성 안에 있는 영역을 말한다. 말하자면 누구에게나 공개되고 접근 가능하며 잘 알려진 삶의 영역을 우리는 일반적으로 공공성 혹은 공적 영역이라고 말한다." 손규태, 『하나님 나라와 공공성』(서울: 대한기독교서회, 2010),159: 이창호는 "공공성"을 다음과 같이 설명한다. "공공성은 사적 영역과 대비되는 다른 영역 곧 공적 영역을...또한 공공성은 공적 영역과 관련된 성질을 가리킨다. 공적 영역과의 관계성이라는 요소가 중요하게 자리 잡고 있다고 하겠는데, 관계성은 관계를 이루는 주체들 사이의 상호작용을 동반하며 그러한 상호작용은 공적 변화를 일으키게 된다...공적 영역과 관계를 맺고 또 그 관계성 안에서 공적 영향을 끼칠 수밖에 없다면, 그러한 공적 관계성과 영향의 가능성은 존재론적 공적 본질과 연관되어 있다는 점을 내

포한다." 이창호, "교회의 공공성에 관한 신학적 윤리적 탐구" 『기독교사회윤리』제29
집 2014년, 143.

6) 앞의 책, 41-42.

7) 기독교윤리실천운동, 『2017년 한국교회의 사회적 신뢰도 여론조사』발표 자료집, 85

8) 현재 한국 신학계에서 논의되고 있는 공적신학은 미국의 두 신학자를 중심으로 하는
흐름이다. 두 신학자는 막스 스택하우스(Max L. Stackhouse)와 스탠리 하우어워스
(Stanly Hauerwas)이다. 이 두 신학자의 신학적 경향은 매우 다르다. 스택하우스는 공
공신학이 교회 뿐 만 아니라 세상과의 대화하는 신학이 되어야 한다고 주장하고, 하우
어워스는 공공신학이 오직 교회를 위한 교회의 신학이어야 함을, 즉 교회가 가장 공적
인 모습으로 드러나는 것은 '교회가 교회가 되면 된다'는 것이다. 한국신학계는 이 두
신학자가 주장하는 공공신학으로 양분되어 진행되고 있고, 또 다른 한쪽에서는 그 두
흐름에 대한 비판적인 접근을 통해 새로운 길을 모색하는 대안 찾기를 진행하고 있다.
왜냐하면 두 입장이 첨예하게 대립하고 있기 때문이다. 더 자세한 논의를 위해서 다음
논문을 참고하라. 김현수, "자유주의 vs 분파주의자-공공신학자 막스 스택하우스와 교
회윤리학자 스탠리 하우어워스의 논쟁", 『한국조직신학논총』80, 2012.04. 277-301

9) Heinrich Bedford-Strohm, "Dietrich Bonhoeffer als öffentlicher Theologie", in: Evan-
gelische Theologie 69.Jg., Heft 5, 331.

10) 장신근, "공적신학이란 무엇인가?", 이형기 외, 『공적신학과 공적교회』(용인: 킹덤북
스, 2010), 73-79.

11) 윤철호, "공적신학의 주요 초점과 과제", 『한국조직신학논총』제46집, 175-214.

12) D. Smit, "The Paradigm of Public Theology-Origins and Development", in: Heinrich
Bedford-Strohm, Florian Höhne und Tobias Reitmeier(Hg.): Contextuality and In-
tercontextuality in Public Theology. Proceedings from the Bamberg Conference 23.-
25.06.2011(Theology in the Public Square, 4), Münster, 11-23.

13) Dietrich Bonhoeffer, Nachfolge, 손규태, 이신건 역, 『나를 따르라』(서울: 대한기독교
서회, 2010), 131.

14) 앞의 책, 131.

15) 앞의 책, 131.

16) Dietrich Bonhoeffer, Sanctorum Communio, 유석성, 이신건 역, 『성도의 교제』(서울: 대한기독교서회, 2010), 124; "이 공식은 두 가지 측면에서 해석된다. 첫째로, 그리스도가 공동체로 존재하는 그리스도로 생각되는 까닭은 그의 대리 행위가 공동체의 실존 형태를 결정하는 구조적 원리로 천명되기 때문이다. 둘째로, 공동체의 증언 안에서 그리스도가 활성화가 가능해지는 까닭은 오직 교회의 통일성이 구조로서...지체들의 모든 지식과 의지보다 먼저 만들어졌기 때문이고, 교회의 통일성이 이상이 아니라 현실이기 때문이다." 앞의 책, 427-28.

17) 고재길, "신학의 공공성과 교회의 사회성에 대한 연구: 본회퍼 신학을 중심으로", 이형기 외, 『공적신학과 공적교회』(용인: 킹덤북스, 2010), 297; 본회퍼는 이것을 다음과 같이 설명한다. "하나의 집단 인격과 개별 인격 사이에도 나와 너의 관계가 가능하다. 왜냐하면 집단인격도 참으로 개별인격이기 때문이다. 오직 집단 인격이 사회적 상호교류 안에 함께 포괄될 때, 이러한 교류는 풍성하게 이루어질 수 있다...하나님은 남자와 여자가 서로 의지하도록 창조하셨다. 하나님이 원하시는 것은 개별인간의 역사가 아니라 인간의 공동체의 역사이다. 그러나 하나님은 개인을 삼켜버리는 공동체를 원하지 않고 인간들의 공동체를 원한다. 그가 보기에 공동체와 개인은 같은 순간에 있으며, 서로를 포함한다. 집합적 통일체와 개별적 통일체의 구조는 하나님 앞에서 동일한 종류의 것이다. 종교적 공동체와 교회 개념은 바로 이러한 기본관계에 근거해 있다." Dietrich Bonhoeffer, Sanctorum Communio, 유석성, 이신건 역, 『성도의 교제』, 82-84.

18) Dietrich Bonhoeffer, Nachfolge, 손규태, 이신건 역, 『나를 따르라』, 283.

19) 앞의 책, 285.

20) 본회퍼는 마태복음5장에서 "그리스도인의 가시성"을 말한 후, 바로 다음 장(마태복음6장)에서 "그리스도의 은밀성"을 말한다. 이 논문에서는 가시성과 은밀성의 관계성에 대해서는 논의하지 않았다. 더 자세한 사항을 위해서는 다음의 책을 참고하라. Dietrich Bonhoeffer, Nachfolge, 손규태, 이신건 역, 『나를 따르라』, 176-207.

21) 슈트롬은 본회퍼의 현실개념을 그의 전체 신학의 이해를 위해 가장 중요한 개념이라고 말한다. Heinrich Bedford-Strohm, "Dietrich Bonhoeffer als öffentlicher Theologie", 336.

22) Dietrich Bonhoeffer, Ethik, 손규태, 이신건, 오성현 역, 『윤리학』 (서울: 대한기독교서회, 2010), 50.

23) 앞의 책, 48.

24) 앞의 책, 48.

25) 앞의 책, 53.

26) 이에 대한 자세한 설명은 다음의 책을 참고하라. Dietrich Bonhoeffer, Widerstand und Ergebung, 손규태, 정지련 역, 『저항과 복종』, 15-32.

27) 앞의 책, 709-715.

28) 앞의 책, 713 "교회는 타자를 위해서 현존할 때 교회가 된다. 그런 교회가 되기 위해 교회는 모든 재산을 팔아 가난한 사람들에게 주어야 한다."

29) T. Jähnichen, "Freie Verantwortlichkeit und Zivilcourage", in: Dietrich Bonhoeffer-Stationen und Motiv auf dem Weg in den politischen Widerstand, hg. v. Günter Brakelmann, u. a., Münster 2005, 94; 참조하라. Christoph Strohm, „Teilnehmen am Schicksal Deutschlands. Patriotismus und abendländisch-christliche Zivilisation bei Dietrich Bonhoeffer", in: Welt-Heuristik des Glaubens, hg. v. Karl Homann u Ilona Riedel-Spangenberger (Gütersloh: Guetersloher Verlagshaus, 1977), 161.

30) F. Johannsen, „Was heißt Leben schützen?" In: R. Mokrosch/ F. Johannsen/ C. Gremmels, Dietrich Bonhoeffers Ethik. Ein Arbeitsbuch für Schule, Gemeinde und Studium(Guetersloh: Chr. Kaiser, 2003), 66; 그리고 나치가 시행한 안락사 프로그램에 대한 자세한 배경을 위해서는 다음의 책을 참고하라. LeRoy Walters, „Der Widerstand Paul Braunes und des Bonhoefferkreises gegen „Euthanasie" - Programm der Nationalsozialisten", in: Der Wert menschlichen Lebens. Medizinische Ethik bei Karl Bonhoeffer und Dietrich Bonhoeffer, Berlin 2006, 98-146.

31) Dietrich Bonhoeffer, Nachfolge, 손규태, 이신건 역, 『나를 따르라』, 174.

32) 앞의 책, 181.

33) Dietrich Bonhoeffer, Nachfolge, 손규태, 이신건 역, 『나를 따르라』, 357.

34) 앞의 책, 356.

35) 앞의 책, 358.

36) 앞의 책, 358.

37) 자세한 설명을 위해서는 Dietrich Bonhoeffer, Ethik, 손규태, 이신건, 오성현 역, 『윤리학』, 65-73과 469-493를 참고하라.

38) 앞의 책, 267.

39) 앞의 책, 348.

40) 앞의 책, 348.

41) 앞의 책, 351.

42) 앞의 책, 355.

43) 앞의 책, 356.

44) 앞의 책, 556.

45) 앞의 책, 710.

46) 이러한 비판에 대한 역사적 배경으로 1938년 4월 20일 히틀러에 대한 충성을 맹세하는 사건과 관련하여 유대인 문제에 대해 일관성 있게 대처하지 못한 고백교회의 실망스러운 과거가 있다.(고재길, 『본회퍼, 한국교회에 말하다』, 138), 이런 고백교회의 실망스러운 모습 앞에서 본회퍼는 "유대인을 위하여 외치는 사람만이 그레고리 찬가를 부를 수 있다"고 강하게 주장한다.(Eberhard Bethge, DB, 685).

47) Dietrich Bonhoeffer, Widerstand und Ergebung, 손규태, 정지련 역, 『저항과 복종』, 714, 본회퍼는 루터의 글을 인용한다. "모범 없이 하나님을 믿기란 매우 어렵다."

48) 앞의 책, 713.

49) DBW 1, 29, 예수 그리스도는 자기 목적으로 사시지 않고, 타인을 위한 삶을 사셨다.

50) 본회퍼가 말하고 있는 하나님은 "응급처치 자가 아니며, 우리의 가능성의 한계가 아니라 삶의 한가운데서 인식"되어야 하는 분이다. 그러니까 세상은 하나님이 없이 살아가는데, 하나님은 그런 세상 한가운데에 계신다는 것이다. 이것 때문에 본회퍼는 "하나님이 없이 하나님 앞에서 살아가야 하는 것"을 말한다. 하나님은 그의 따르면 성인된 세상 속에서 자신을 십자가로 추방하시면서 "세상에서 무력하고 약하며, 오직 그렇기 때문에 그는 우리와 함께 계시고 우리를 돕는다"고 말한다. 그래서 인간은 세상에서 말씀을 실천하며 살아가는 방식은 바로 하나님께서 세상 가운데서 취하신 방법이라고 말한다. 다시 말하면 "그리스도를 통해서 하나님의 고난에 동참하는 것"이

하나님의 말씀을 세상적으로 해석하고 실천한다는 의미일 것이다. 여기서 "그리스도
를 통해서 하나님의 고난"이라는 부분에 주목해야 한다. 본회퍼가 "연구를 위한 기
획"에서 세상성과 하나님을 다루면서 하나님은 누구인가? 라는 질문에 대해 오직 "예
수 그리스도와의 만남"이라고 답한다. 그럼 예수는 누구인가? 본회퍼는 예수를 가리
켜 "타자를 위한 현존재"라고 한다. 그러므로 그리스도를 통해서 하나님의 고난에 동
참하는 것이 성경을 세상적으로 해석하는 것이라고 한다면 그것은 구체적으로 "타인
을 위한 현존재"가 되는 것이라고 결론 내릴 수 있다." 강안일, "말씀과 공동체의 관계
-본회퍼의 저작을 중심으로", 『신학과 선교』제48집 (2016), 35-36.

51) Dietrich Bonhoeffer, Widerstand und Ergebung, 손규태, 정지련 역, 『저항과 복종』,
714; DBW 14, 578. "사람들이 교회의 말과 행동 사이에 나타난 불일치로 인해 충격
을 받을 때, 사랑의 침묵적인 섬김이 가장 좋은 목회"이다.

52) Dietrich Bonhoeffer, Widerstand und Ergebung, 손규태, 정지련 역, 『저항과 복종』,
714.

53) 더 자세한 사항은 필자의 박사학위 논문을 참고하라. An Il, Kang. Von der "Nach-
folge" zur "Ethik" der Verantwortung. Die Bedeutung der ethischen Konzeptionen Di-
etrich Bonhoeffers für die Theologie und Kirche in Südkorea(Münster: Lit verlag, 2014).

54) Wolfgang Huber, Kirche in der Zeitenwende(Gütersloh: Gütersloher Verlag-Haus,
1999), 44-96.

55) 이번 장 'Ⅰ. 서론'을 참고하라.